LE MONASTÈRE

DE

MEILLERAIE

OU

VISITE A NOTRE-DAME DE LA TRAPPE,

PAR

M. AUGUSTE-AMAURY,

Docteur-Médecin.

NANTES,

MONTAGNE, ÉDITEUR, RUE DE LA FOSSE, 42.

—

1857.

NANTES, IMP. DE VINCENT FOREST, PLACE DU COMMERCE, 1.

PHOT. P. WALTER & THOBERT. NANTES.

A MONSEIGNEUR MAUPOINT,

Évêque de Saint-Denis (île de la Réunion).

Monseigneur,

Ces études sur la vie monastique n'étaient point faites pour la publicité ; mon instruction personnelle était l'unique raison de ce travail, le seul but de ces recherches historiques qui reposeraient encore dans l'oubli de mes cartons, si une volonté respectée ne m'avait fait un devoir de les produire.

Cette œuvre, *Monseigneur,* se sent de son origine, elle a les défauts de notes rédigées à la hâte ; aussi, malgré l'authenticité des faits qu'elle renferme, malgré la pureté des sources historiques où ce livre a pris la vie, il mourrerait sûrement si vous ne m'aviez autorisé à attacher, à la première page de cet opuscule, un nom qui sera toute sa fortune, son égide protectrice.

Ce nom, *Monseigneur,* m'appartenait par droit de souvenir et d'affection, car vous n'étiez pas encore un prince de

*

l'Eglise, un ministre dés autels, que vous étiez le compagnon de mes études, l'ami de mon enfance.

Ce nom n'appartenait-il pas aussi à ces fils de saint Benoît dont je viens d'esquisser la vie? Qui, plus que vous, *Monseigneur*, aime à bénir ces humbles enfants de la pénitence, ces infatigables ouvriers des champs, ces généreux aumôniers de la misère et de la souffrance ?

Monseigneur, vous, le fondateur de tant d'institutions de charité, pourriez-vous ne pas bénir ces hommes de bien qui passent leur vie à prier pour leurs frères, à enrichir la France du travail de leurs mains, à ramener à la vertu de jeunes enfants, au cœur trop tôt flétri, qui n'avaient besoin que d'exemples et de conseils pour devenir des hommes vertueux, utiles à la société !

Agréez, Monseigneur, etc.

AUGUSTE AMAURY,
Docteur-Médecin

LE MONASTÈRE

DE

MEILLERAIE

OU

VISITE A NOTRE-DAME DE LA TRAPPE.

Dans le vieux duché de Bretagne, sur la lisière d'une immense forêt, jetée à quelques lieues de Nantes, habite une colonie de moines, de pieux enfants de saint Benoît, qui passent leur vie dans la prière et les pratiques de la plus austère pénitence.

Du village de Meilleray, où il n'y a plus trace de grandeur, où le blason des seigneurs d'autrefois, n'est plus qu'un souvenir; on arrive à la demeure monastique, par un sentier sinueux, accidenté, où des trappistes comme les plus humbles ouvriers, brisaient de durs cailloux dont ils semaient la route.

C'étaient les premières robes brunes, que nous rencontrions. En voyant ces enfants du désert, à ce rude travail, sous un soleil tropical, la tête découverte, je fus tenté de retourner sur mes pas, tant ce spectacle me contristait ; mais l'air calme et heureux de ces visages qui s'inclinaient en souriant à notre vue, me rassura, et je continuai mon pélerinage.

Déjà j'apercevais le monastère qui se dessinait au loin derrière des massifs d'arbres touffus. Son gracieux clocheton dont l'airain retentissait au loin, ces murs bronzés par l'âge et qui se détachaient au milieu de constructions nouvelles, formaient un ensemble de bâtiments qui avait un caractère d'originalité qui attacha longtemps mes regards. Je ne pouvais me lasser de voir ce ravissant panorama, qui s'étalait au milieu des richesses de la plus luxuriante végétation.

Cependant, j'avançais dans ce sentier bordé de taillis, heurté que j'étais à chaque pas, par de nombreux pélerins, qui se reconnaissaient sans peine à leur maintien réservé, à leur air pensif ; par des touristes, qui, le sac au dos, la palette à la main, venaient chercher, pour leurs pinceaux, les sites de la solitude, de mélancoliques perspectives.

Cheminaient, aussi, des vieillards chargés d'années et de misère, des aveugles que conduisaient des chiens habitués aux bontés du couvent ; ils allaient demander le pain de la fraternité chrétienne, l'obole de cette charité sainte, qui voit Dieu, qui voit un frère, sous la souquenille du pauvre.

L'horizon était bien un peu rembruni par quelques nuages de fumée blanche qui s'échappait de vastes dômes élevés de distance en distance au milieu d'arbres gisants à terre. Mon imagination qui cherchait le merveilleux, aurait aisément cru à la présence de bandits ressuscités du moyen-âge, de faux monnayeurs, mais ce n'étaient là que des charbonniers qui travaillaient à la carbonisation du bois au milieu de la forêt.

J'avais franchi près de deux kilomètres, j'étais aux portes du couvent. Un magnifique calvaire en garde l'entrée. Il s'élance comme au golgotha du pic d'un rocher et semble placé là pour dire au voyageur, comme autrefois, saint Rémi au roi Sicambre : c'est ici la demeure de Dieu, avant d'y pénétrer brûle ce que tu as adoré, et adore ce que tu as brûlé.

J'allai me reposer sur la pierre de ce calvaire, et prier Dieu de me donner cette foi de nos pères, ce sens qui manque aux gens du monde pour apprécier sagement la vie monastique, et dont l'absence leur fait condamner ce qu'ils ne peuvent comprendre.

De cette croix, le spectacle était séduisant de beauté, à mes pieds une vaste pièce d'eau, un lac dont le cristal pur et l'impide réflétait les murs du couvent ; les moines en retiraient un immense filet, d'où s'échappaient de nombreux poissons, qui en s'agitant sur le gazon, rappelaient la pêche miraculeuse du Seigneur. A gauche, sur la rive, un tertre de mousse, cachait pieusement sous un berceau de feuillage, une statue de la sainte Vierge ; dans le fond de cette nappe d'eau, presque en face du calvaire, un jardin, quelques constructions modernes, c'était l'abbatial, c'est-à-dire une maison de retraite, et de prières, où viennent se consoler ceux qui souffrent, où des soldats du Christ viennent retremper leurs armes, et se préparer à de nouveaux combats. Souvent même des ministres usés au service des autels, y viennent à l'ombre du cloître, attendre patiemment la mort. C'est du moins ce que m'apprit un pélerin, qui faisait sa prière au même lieu que moi, et qui chaque année, venait chercher Dieu et le recueillement dans cette pieuse solitude ; c'était un noble seigneur. Ses manières étaient distinguées, sans fierté, je crus même remarquer un petit ruban rouge qu'il dissimulait sous sa boutonnière, comme s'il avait eu regret de porter ce signe de l'honneur sur cette terre monastique, où Dieu seul est grand, où tout ce qui brille dans le monde s'efface et disparaît.

A ma droite, dans un repli de terrain ombragé par les murs du couvent, j'apercevais la façade de la chapelle. C'était un souvenir du XVe siècle, on le devinait aisément au style de la fenêtre placée au-dessus de la porte d'entrée, qui donne accès aux étrangers qui vont prier sans avoir à passer par le monastère.

Derrière moi étaient de grands arbres séculaires qui, comme les cèdres du Liban, élevaient leurs têtes jusque dans les nues, et semblaient jetés là, par Dieu, pour protéger cette solitude contre les orages et la contagion du monde.

J'étais cloué à ce calvaire par un sentiment d'inexprimable bonheur. Dans cette atmosphère sainte, je sentais mon cœur à l'aise, ma pensée plus dégagée s'élevait sans peine vers Dieu : on eut dit que l'air qu'on respire en ces lieux, en vous donnant la vie, vous donne aussi l'inspiration. Il me semblait que la prière, qui, sous ce soleil du couvent éclosait dans mon âme, montait sans effort, jusqu'à mes lèvres, je la murmurais instinctivement, tant il y a de puissance et d'empire dans l'exemple.

Cependant, il me tardait d'entrer dans ces murs de la

pénitence, de pénétrer sous ces cloîtres dont les austérités glacent de frayeur. J'étais devant la grande porte du couvent, mes yeux y restèrent un moment attachés. C'était à ce seuil de la solitude que des milliers de moines avaient laissé tous les biens qu'ici-bas on envie ; il me semblait voir ces hommes de toutes les classes, de toutes les conditions, secouant, avant de franchir ce dernier pas, jusqu'à la poussière de leurs chaussures pour ne rien emporter du monde ; c'est là que tout entrant, fait à la vie de l'indépendance et des plaisirs un dernier adieu.

Ce portail a son chapiteau couronné par un kiosque ou sorte de grotte qui ombrage une belle statue de la sainte Vierge ; à ses pieds on lit cette inscription : O Marie, si de la pénitence on savait les douceurs, on ne s'effraierait pas tant de ces saintes rigueurs. De chaque côté, mais un peu plus bas, on reconnaît saint Benoît, le fondateur de l'Ordre, et saint Bernard, qui s'en est fait plus tard l'intrépide défenseur.

Ils sont placés là, comme les pères de cette pieuse famille de moines. Ils ont en main la crosse abbatiale, le signé auguste de leur charge pastorale.

Cette simplicité religieuse vaut bien ces portiques fastueux, où s'étalent ces divinités païennes, qui rappellent des temps d'erreur et de mensonge, ou que ces allégories dont le décolleté peut être de l'art, mais n'est sûrement pas de l'art chrétien.

Je venais d'agiter la sonnette du couvent, un moine, comme ces pieuses sentinelles que les patriarches plaçaient au seuil de leur demeure, pour donner l'hospitalité sainte, ouvrait déjà la porte monastique, et inclinant profondément son front, m'introduisait sous le porche qui est près de la loge du portier, comme le vestibule de cette maison de retraite.

De ce lieu, de ce modeste portique, l'œil du visiteur, avide de curiosités, embrasse aussitôt dans la vaste cour de l'enclos tous les bâtiments, dont l'ensemble forme l'hôtellerie et les servitudes de la colonie. Le Frère qui me recevait tenait ses yeux baisés, les mains croisées sur sa poitrine, il attendait respectueusement mes ordres comme le serviteur le plus humble et le plus soumis. Il fallait bien décliner un nom, dans cette demeure sainte où je paraissais pour la première fois, et où j'étais inconnu ; ces moines ont été si souvent le jouet d'escrocs éhontés, qu'on ne saurait trop s'empresser de faire bande à part.

Je demandai en ma qualité de médecin, le médecin du lieu. Je me rappelai qu'avec ce père hyppocratique, j'avais entretenu correspondance pour je ne sais plus quel riche créole, qui était venu demander à la France une grave opération, et qui, avant de s'y soumettre, était allé chercher au monastère la résignation qui donne le courage et assure le succès.

Pendant qu'à l'ouvrage on allait chercher ce père, qui était dans un des champs du monastère à travailler à la terre, je visitai la cellule du Frère portier. Rien n'est simple comme ce gîte religieux, il respire amplement l'esprit de pauvreté, dont ces moines font profession. Une cheminée, noircie par la fumée, avait pour tout ornement une croix de bois et quelques images pieuses. Un modeste bahut, où sont rangés dans de nombreux casiers les mille graines qui font la richesse du couvent et l'espérance de l'agriculteur, une table grossière sur laquelle était encore ouvert le livre que lisait sans doute le vertueux anachorète, au moment où ma visite est venue l'arracher à ses graves méditations ; quelques chaises brutes et une petite armoire sans luxe assurément, tel était le mobilier de cette grotte monastique.

Mais ce qui attirait le plus mon attention, c'étaient quelques étagères appliquées contre le mur, elles supportaient d'énormes pains ronds, qui sont distribués à ces légions de pauvres qui viennent à chaque heure du jour et de la nuit heurter à la porte du monastère. Pendant les quelques instants que je demeurai, à attendre mon introducteur, j'étais de fait le portier de la communauté. Aussi, je ne sais combien de figures enfantines, véritables miniatures de Raphaël, combien de visages profondément labourés par la misère et la souffrance, sont venus s'appliquer contre le guichet qui s'ouvre dans la grande porte de l'enclos, c'était une procession muette et silencieuse des déshérités du monde, des amis des moines. Personne ne demande, chacun attend, sûr de l'aumône qui se donne et ne se refuse jamais.

Cette charité qui se prive souvent du nécessaire, qui sue à la peine pour se faire plus large et plus généreuse, est-elle de la faiblesse, qui engendre la paresse et mille vices avec elle ? Faut-il fermer ce guichet ouvert à la faim du pauvre et de l'infirme, pour envoyer au travail ces bras chargés d'années ou de misères ? On l'a dit et ces doctrines cruelles ont eu leur consécration ; la révolution fit des lois contre la mendicité, irritée contre le vagabond elle ferma l'oreille à la prière du pauvre ; pour atteindre quelques fainéants, elle frappa le vieillard et le valétudinaire, comme s'ils étaient coupables de leur grand âge et de leurs souffrances ? On envoya la mendicité expier son crime sous les verroux, derrière de froides et épaisses murailles.

L'enfant de saint Benoît n'en continua pas moins son aumône ; cette justice, comme l'appelle Moïse, destinée à réparer l'inégalité des fortunes. Il aimait mieux nourrir un vagabond que de laisser souffrir un pauvre malheureux. Sous les haillons du mendiant, est-il donc si facile de faire un choix où l'erreur ne se glisse pas ? Et si à la ville, l'homme qui a faim, trouve un gîte hospitalier contre la mendicité, les champs offrent-ils le même refuge, et est-on coupable à tendre la main aux monastères, ces aumôneries de tous les âges et de tous les lieux ?

Le Père médecin ne paraissait pas encore ; on envoya un Frère me conseiller la patience. Son vêtement que je pus examiner tout à mon aise pendant que ma curiosité mettait à contribution sa gracieuse obligeance, est de couleur brune, et de tissus de laine grossière. Il se compose d'une grande robe, sur laquelle est jeté un scapulaire, avec capuchon ; une ceinture de cuir ajustait le tout autour des reins. Pour bas, ce sont de grandes chausses du même lainage que la robe, et qui s'attachent au-dessus du genou ; il avait aux pieds des souliers de cuirs épais et qui ne brillaient guère assurément.

Ces traits me rappelaient un vague souvenir, que ma mémoire ne pouvait démêler ; il me semblait que j'avais vu ailleurs ce solitaire, mais sur cette figure je ne pouvais attacher un nom, lorsqu'une balafre qu'il portait au front, me fit soudainement retrouver un vif et intelligent sergent du 6e léger, un brave militaire comme Bayard, sans reproche comme Sans-Peur, qui avait changé son casque contre ce capuchon de moine, son sabre contre ce chapelet qui pendait à sa ceinture, et qui apprenait la règle de saint Benoît au lieu de la théorie du soldat.

Il y avait sur ce visage une joie si naïvement expansive, qu'il ne me vint pas même à la pensée de lui demander s'il était heureux, si cette transformation l'avait laissé sans regret, tant j'aurais eu peur de contrister cette nature qui semblait toute entière au bonheur d'être à Dieu.

Il remplissait les fonctions d'aide-portier, aussi mit-il, à me faire les honneurs de son arrondissement, la grâce la plus parfaite, l'obligeance la plus empressée. Après m'avoir fait visiter, derrière sa cellule, le réfectoire des hommes aux mains durcies par le travail, aux traits bronzés par les ardeurs du soleil, des pèlerins qui à l'hôtellerie seraient plus gênés qu'ils ne gêneraient, c'est du moins la délicate pensée des moines, il me conduisit en traversant le porche vis-à-vis sa loge, dans le parloir des femmes.

C'est une modeste pièce ornée seulement d'une petite armoire vitrée, où sont exposés des livres de prières, des objets de piété, des souvenirs, qu'en quittant le monastère on se garde bien d'oublier. Une table ronde pour le service de cette hôtellerie, et quelques saintes images achevaient d'orner ce salon de réception.

Le devant de la cheminée représentait l'enfer avec ses sombres couleurs; derrière d'épaisses grilles de fer, on voit au milieu de brâsiers de feu, les condamnés de cette prison maudite. Je ne saurais dire quelles pensées vous assiégent en voyant cette peinture, toute imparfaite qu'elle soit, accolée aux murs du monastère ; mais ce qu'il y a de sûr, c'est que le cœur se serre d'horreur, et la pénitence à laquelle se sont voués tous les solitaires que cachent ces murailles monastiques, vous semble moins dure et plus facile à comprendre.

Ce parloir a son entrée particulière, qui donne, comme la porte principale, sur le chemin qui longe le couvent ; le Frère portier eut bien soin de me le faire observer ; la règle de saint Benoît interdit rigoureusement aux femmes l'entrée du monastère. Cette défense est de prescription canonique, les reines et les princes du sang en sont seuls exceptés.

La seule femme qui ait franchi, que nous sachions, ce seuil monastique, est la duchesse de Berry. C'était le 30 juin 1828, cette noble dame qui tenait à visiter ces pieux enfants de la pénitence, et à remercier le père Antoine de l'oraison funèbre qu'il avait si éloquemment prononcée à la mémoire d'un prince béni, que pleurait encore la France, vint demander à Meilleraie l'hospitalité que saint Benoît accorde aux femmes de son rang.

La foule était grande, et les échos de cette solitude s'étonnaient à répéter les cris de joie, d'allégresse que poussait une population qui affluait de toutes parts ; des tentes étaient dressées à l'ombre des bois, des vieux chênes de la forêt, et ce désert s'était tout à coup transformé en une ville de fêtes et de plaisirs. Les moines seuls étaient recueillis, attendant dans la prière et la méditation des cloîtres, la fille des rois, celle qui leur représentait sur la terre une faible image de la majesté du Dieu qu'ils servent, loin du bruit et du monde, dans le calme de la prière et les austérités du cloître.

Madame de Berry était aux portes du monastère, le père Antoine abbé de Meilleraie et tous les religieux, vêtus de leurs longues robes blanches, s'avancent silencieusement sur deux files. A leur vue, la foule, saisie de respect et d'étonnement, comprime ses cris, toutes les têtes se découvrent, les genoux vont se fléchir, on n'entend plus, dans cette multitude tout à l'heure si remuante, que le bruit des arbres de la forêt agités par la brise.

Cette population, habituée au mouvement et au tumulte des villes, qui connaissait à peine de nom cette demeure sainte, croyait voir sortir de leurs tombeaux ces moines de l'antiquité chrétienne, ces rudes athelètes de la pénitence, ces anachorètes de la Thébaïde qui, secouant la poussière des morts, venaient saluer dans ce siècle de plaisir et d'oubli, la descendante de saint Louis, l'héritière du roi martyr, la mère du dernier rejeton d'une dynastie qui comptait tant et de si nobles aïeux.

Tous ces moines, après s'être humblement prosternés, restèrent dans l'immobilité la plus absolue ; le père abbé, arrivé à quelques pas de la duchesse de Berry, s'arrêta et dit : Madame, la présence de Votre Altesse Royale nous comble de joie, ce qui nous entoure partage notre allégresse. L'austérité de notre règle fléchit elle-même devant vous. Nos portes, fermées pour tout autre, s'ébranlent à votre voix, et nos barrières s'entr'ouvrent pour vous livrer passage, etc.

Aussitôt, la grande porte de la communauté fit entendre ses verroux, et roulant sur ses gonds, elle écarta ses larges battants pour laisser passer Madame la duchesse de Berry et quatre nobles dames de sa suite.

Puis, comme l'ange du Seigneur aux portes du jardin d'Eden, un Frère à l'air calme et réservé abaissa son bras dont il fit une barrière infranchissable.

Depuis ce jour, que gardent fidèlement les archives du monastère, pas une femme n'a foulé ce seuil ; elles s'arrêtent à ce parloir, c'est là qu'elles sont reçues, qu'on leur fait au couvent, les honneurs de l'hospitalité chrétienne. Ainsi le veut la règle, ainsi le conseillent Dieu et la raison. Si, surprises par la nuit, ou si, venues de loin, elles étaient obligées de prolonger leur séjour, nous avons, me dit le Frère portier, une maison modeste derrière l'abbatial, c'est là que, confiées à de saintes femmes, elles trouvent un gîte et le repos.

Pendant qu'il me donnait ces renseignements, nous étions revenus dans la cour de l'enclos : voici, ajouta-t-il, notre médecin, le père prieur, qui vient vous recevoir, je vous laisse avec lui, et inclinant sa tête, il s'éloigna lentement comme un homme qui reprend ses méditations religieuses un instant interrompues.

Mon introducteur s'avançait avec dignité, suivi du Frère qui était allé le chercher ; il se présenta avec tant d'aisance, de recueillement et de bonté que j'en fus d'abord tout étonné ; ce n'était assurément pas là le religieux que dépeignent les hommes du monde ; ce moine à l'air tristement austère, aux manières rudes et repoussantes, qui a perdu dans les rigueurs de la pénitence, tout esprit de civilisation et de bienséance. Après le salut d'usage, ce religieux s'excusa de m'avoir fait attendre si longtemps, il ajouta, nous sommes si loin à travailler à la terre, qu'il m'a fallu bien du temps pour venir jusqu'ici, je vous en demande pardon ; puis il me pria de le suivre à l'hôtellerie, pour reposer mes forces que j'avais dû épuiser à venir du village de Meilleray à l'abbaye.

L'approche de ce trappiste qui paraissait pourtant si humble, si modeste, jetait en mon âme un sentiment de trouble et d'agitation secret : le monde et le couvent sont si peu faits pour s'entendre !

Arrivé au milieu de la grande cour de l'enclos, je m'arrêtai un instant pour prendre la carte géographique du monastère, il faut de l'ordre dans les idées, même pour faire une visite d'agrément. Le père qui me conduisait s'aperçut de mon intention et me dit : vous cherchez à lever tout d'abord le plan de notre maison, à dresser vos jallons dans cette vaste enceinte, souffrez que j'aide un peu vos recherches.

Cette cour forme, comme vous le voyez, un carré oblong qui se prolonge jusqu'au fond des servitudes de notre petite colonie. Derrière nous, à l'est ce sont, vous le savez, la loge de notre Frère portier avec l'hôtellerie des ouvriers d'un côté, de l'autre le parloir reservé aux personnes qui ne peuvent pénétrer dans notre monastère ; un peu plus à gauche, en continuant cette aile de bâtiment, devant ce petit jardin botanique entouré d'un modeste treillage, c'est la pharmacie ; ce n'est qu'en 1848 que nous avons fait élever, sur notre conciergerie, cet étage à petites fenêtres ceintrées, qui complète ces modestes, mais utiles constructions.

A notre droite, au nord et à l'ouest, sont d'abord les écuries qui sont mises à la disposition des hôtes qui veulent bien venir nous visiter ; puis, de longs dortoirs garnis, de chaque côté, de cellules pour les pélerins et les ouvriers que nous sommes parfois obligés de faire venir du dehors lorsque nous avons des travaux que nous ne pouvons faire nous-mêmes.

A gauche, c'est l'hôtellerie proprement dite; ce vaste bâtiment cache notre communauté, il est un des côtés du quadrilatère formé par notre habitation monastique autour d'une cour centrale que nous verrons bientôt.

Plus loin ce sont nos jardins, et enfin, en prolongeant l'horizon vous voyez les fermes, les prairies et les terres labourables du couvent.

Après m'avoir fait, à longs traits, cette description topographique, le père prieur me proposa d'entrer à l'hôtellerie. Le corps de bâtiment qui la compose a quelque chose de très-remarquable, c'est une magnifique construction parfaitement soignée, portant encore le cachet de l'architecture du grand siècle de Louis XIV, le style en est assez net. Cette demeure hospitalière n'a qu'un étage qui s'étend sur une façade qui peut avoir environ vingt-cinq mètres de long ; on arrive par quelques marches à la porte principale, qui s'ouvre à deux battants et donne accès sous un vestibule voûté qui conduit aux cloîtres du monastère, c'est sans doute par cette entrée qu'on introduit les évêques visiteurs, les grands personnages qu'un titre sacré recommande à la vénération des moines, c'est par cette porte assurément qu'à été reçue l'illustre fille des rois, comme disait le vénérable père Antoine.

Mais au fond de ce vestibule, est la porte qui donne communication avec les cloîtres, elle est constamment fermée, les hôtes de la Trappe n'y peuvent pénétrer qu'avec une permission expresse et toujours accompagnés d'un guide monastique. Au-dessus de la porte extérieure est un magnifique écusson au champ d'hermines avec les armes d'un évêque. Sont-ce celles de l'abbé régulier de Meilleraie, ou rappellent-t-elles le prélat qui, avant la Révolution, était peut-être l'abbé commandataire du couvent, c'est ce que nous ne pouvons dire, mais ce qu'il y a de sûr, c'est que nous y avons remarqué les nombreux coups de baïonnettes, dont les ont labourées cès hommes qui, dans leurs fureurs impie, s'attaquaient à tout, jusqu'aux pierres.

Aujourd'hui ces armes sont oubliées, c'est à peine si le visiteur y fait attention, il ne voit plus qu'une petite vierge avec cette inscription : ils m'ont choisie pour gardienne. Le rinceau de la porte a aussi une inscription religieuse, dont nous avons conservé l'esprit, mais la lettre a fui notre mémoire, nous renonçons à la rappeler.

Au-dessus de cette entrée, on aperçoit un vaste balcon en fer que supportent des cariatides qui n'ont pas trop souffert des injures du temps. Enfin le faîte, au milieu, comme aux deux extrémités de ce corps de bâtiment, forme l'éternel triangle, cet emblème de Dieu. Le tout est surmonté de deux énormes pots de fleurs artistement sculptés.

Cette habitation a été faite par des bernardins qui habitaient Meilleraie avant la Révolution, et qui en ont été impitoyablement chassés ; sa construction date de 1761, ce millésime est encore écrit au-dessus de la porte d'entrée. C'était l'année de la prise de Cassel par cent mille Français, que commandait le comte de Saint-Germain, sous les ordres du maréchal de Broglie.

Si nous avions quelques succès, nous avions de grands
désastres à déplorer, nos finances étaient en détresse;
l'horizon politique se rembrunissait singulièrement;
nous venions de perdre soixante-quatre vaisseaux, le
Canada et l'Inde, le désordre, le découragement étaient
partout. Les enfants de saint Benoît, seuls espéraient en
l'avenir parce qu'ils avaient foi en Dieu.

A côté de la porte principale, il en était une plus
modeste qui conduisait à l'escalier d'honneur par un vestibule qui était différent de celui que nous venions de
voir. En y pénétrant j'aperçus, à droite, une porte
modeste au-dessus de laquelle était écrit : procure. Le
guichet en était ouvert, j'y plongeai rapidement un œil,
qui n'avait peut-être pas toute la discrétion qu'au monastère on enseigne, mais de ce péché je ne pouvais me
défendre, rien n'est curieux comme un visiteur, surtout
comme un visiteur au couvent. Un moine était à son
bureau, au milieu de mille paperasses, il écrivait avec
beaucoup de soin sur un énorme in-folio, dont les angles
étaient de cuivre ou de fer, je ne sais lequel des deux.
Derrière lui, des étagères supportaient des livres nombreux et beaucoup d'autres choses encore, que la rapidité du regard ne me permit pas de distinguer. J'imaginai
que ce bon moine, que je ne pus voir tant il avait la tête
plongée dans son livre, était tout à la fois le caissier et
le secrétaire du monastère, il passait sans doute les écri-
tures de la maison.

Le grand escalier que nous montâmes était celui qu'on
retrouve dans tous les châteaux, dans toutes maisons
seigneuriales du dernier siècle. Les marches sont de
larges et belles pierres de grison, la rampe est de fer

ouvragé formant de grands dessins ; des inscriptions nombreuses en recouvrent les murs , ce sont des sentences
tirées des docteurs de l'Église ou des livres ascétiques
qui rappellent l'homme à la pensée de Dieu , qui lui
disent que la vie est courte et semée de peines , qu'il y
faut songer à se préparer par la prière et la pénitence
de meilleurs jours ; car à Meilleraie, on se garde bien de
vous prêcher, c'est chose si difficile et si délicate ; nous
n'aimons pas qu'on nous reprenne et qu'on nous montre
la voie que nous devons suivre. Aussi les moines sèment
en mille endroits des pensées sévères, des réflexions profondes, ce sont les fruits de l'arbre monastique, en détache qui veut.

Dans l'embràsure de la grande fenêtre qui éclaire
l'escalier et qui prend son jour sur la cour de l'enclos, est
un moine à l'air pensif, il est enveloppé dans sa grande
coule, son capuchon recouvre sa tête, une croix pastorale repose sur sa poitrine, et il tient en main la crosse
abbatiale.

J'allais demander le nom de ce saint personnage,
dont l'image est respectueusement placée au seuil de
cette hôtellerie ; le prieur prévint ma pensée : c'est le
révérend père Antoine, le fondateur de notre monastère
que vous voyez ici. Nous lui devons notre ermitage et la
prospérité dont jouit notre maison. Nous portons son
souvenir profondément gravé dans notre mémoire et
notre cœur ; chaque jour nous adressons pour lui de fer-
ventes prières à Dieu. Aussi nous sommes heureux de le
présenter aux étrangers, aux pèlerins qui viennent
accepter, sous ce toit, notre hospitalité monastique, ils
bénissent avec nous sa mémoire et son nom.

Nous étions arrivés dans un vaste corridor qui mesure toute l'étendue du bâtiment de l'hôtellerie. D'un côté sont des fenêtres qui donnent sur la cour qui règne au milieu des cloîtres monastiques. La vue en est masquée, et les étrangers ne peuvent plonger un œil indiscret dans la communauté ; sur les murs, entre les fenêtres, sont quelques placards où sont affichés les ouvrages que les visiteurs peuvent se procurer au monastère ; puis quelques cartes géographiques et quelques tableaux sans intérêt sérieux.

Vis-à-vis est d'abord le salon de l'hôtellerie, son réfectoire, puis à la suite sont les cellules réservées aux étrangers. Au-dessus de chaque porte est un nom de saint ; au couvent on ne connaît pas les chiffres, cette langue froide qui ne dit rien au cœur, qui n'a pas une pensée, pas une inspiration. Dans l'antiquité païenne, les sages, les législateurs voulaient que les noms de tous les hommes qui avaient bien mérité du pays, qui s'étaient distingués par des vertus éclatantes, fussent inscrits sur les murs de la patrie ; c'était semer l'exemple pour récolter les faits qui ennoblissent l'âme ; c'était convier à l'imitation des grandes actions et montrer à la génération naissante le chemin de l'honneur et de l'immortalité.

Mais au monastère, c'est quelque chose de plus élevé que cette immortalité du monde, qui meurt comme toute chose ici-bas ; c'est l'immortalité dans toute son acception, c'est la vie en Dieu, après laquelle aspirent les solitaires ; sa pensée les absorbe, les remplit tellement qu'ils semblent vouloir entraîner avec eux sur la voie de l'éternité, tout ce qui les entoure. Ils jettent partout dans leur demeure sainte, le modèle et l'inspiration ; on ne fait pas un pas, sous ces toits monastiques, sans rencontrer un nom qui vous rappelle un élu, qui vous dise ses vertus, vous donne le courage et vous insinue l'espérance.

Tout visiteur, en entrant dans sa cellule, trouve le nom du saint qui la distingue; c'est sous cette égide religieuse qu'il vient chercher la solitude et le repos, c'est pour lui l'ange qui veille aux portes de la terre du salut.

Le Père prieur me fit entrer dans le salon de l'hôtellerie; c'est la première pièce que nous rencontrâmes à gauche, au haut de l'escalier d'honneur. Tout ce qui est nécessaire s'y trouve réuni, le superflu seul est absent. De vieux fauteuils garnis de ces tapisseries Louis XV, dont on retrouve encore quelques souvenirs dans les vieux manoirs de notre pays de Bretagne, des chaises, une table, un etit meuble d'exposition pour les livres et les objets de piété, voilà, avec un Christ et des images pieuses, ce que renferme ce salon, dont les moines font les honneurs avec la plus expansive cordialité.

C'est dans cette pièce que donne le grand balcon en fer, que nous avons observé sur la façade du bâtiment de l'hôtellerie. Ce qui nous a le plus frappé en entrant dans cet asile du pélerin, c'est la propreté, tout y est dans un ordre parfait, et chaque chose semble du luxé tant on met de soin et de peine à l'entretenir.

Le Père hôtellier qui avait été informé de notre visite, déjà nous attendait au salon des étrangers. C'est ce trappiste qui, d'ordinaire, introduit tous les hôtes du couvent; c'est lui qui serait venu me chercher dans la loge du Frère portier, si je n'avais demandé en arrivant le Père médecin. C'était bien le moins qu'il nous fît au monastère les honneurs de son département. Sa physionomie est des plus heureuses, on se sent heureux rien qu'à le voir, le sourire est constamment collé à ses lèvres, et ses traits n'ont rien de la mélancolie et de la tristesse que les gens du monde attachent aux athelètes de la pénitence. Il est assidu auprès de ses hôtes, il en est le serviteur le plus humble et le plus prévenant.

Bien qu'il habite le couvent depuis vingt-cinq ou trente ans, il s'est fait moine à dix-sept ans, il a une santé des plus robustes; aussi comme aujourd'hui le couvent n'est plus une personne morale, un individu collectif, responsable collectivement devant la loi, que ses biens, comme tous les autres biens de la société française reposent sur une seule tête, que l'état reconnait pour propriétaire unique, est-ce sur les épaules du Père hôtellier, m'a-t-on dit, que le dernier abbé, en mourant, a placé les biens de la communauté, comme étant les plus solides et devant résister le plus longtemps à la charge du fardeau. C'est là un petit stratagème bien innocent, et surtout bien permis, si le fisc y doit perdre; consolez-vous, les pauvres y gagneront, c'est pour eux qu'ils l'ont fait.

Bientôt la porte du salon s'ouvrit toute grande, puis entrèrent deux Pères, dans leur coule blanche, le capuchon sur la tête. Après m'avoir profondément salué, ils se prosternèrent à mes pieds, le corps littéralement étendu sur le carreau.

L'honneur qu'on me rendait là, était ce qu'au monastère on appelle la *réception*. Rien n'est grave et saisissant comme cette cérémonie du couvent! J'avais à mes genoux deux hommes qui s'étaient faits pauvres et pénitents pour Dieu; deux hommes qui étaient peut-être descendus des plus hautes et des plus heureuses positions du monde, pour venir s'ensevelir dans l'oubli et les privations du cloître ! Ils étaient là le front dans la poussière, abîmés dans la plus profonde humiliation !

Loin d'élever ma raison et de grandir mon orgueil, j'étais plus humilié que ces moines ; il me semblait les entendre me dire par la bouche de saint Benoît : Ce n'est pas devant le fils de l'homme que nous nous abaissons ; nous aurions peur d'égarer sa tête et de flétrir son cœur, c'est devant l'image de Dieu, devant un Frère de Jésus-Christ, que nous inclinons notre foi de chrétien. Malheur à qui a déshonoré ce titre, qui a taché cette image.

Après quelques minutes de prosternation, ces deux Pères se relevèrent, et sur un signe qu'ils m'adressèrent, je les suivis à la chapelle, ils marchaient de front, au pas monastique ; ils me conduisirent dans une tribune, à l'extrémité du cloître de l'hôtellerie ; Dieu est le premier Seigneur et Maître du couvent, c'est à lui que revient de droit la première visite de l'étranger ; aussi après avoir prié et salué ce Souverain des cieux et de la terre, les deux moines me ramenèrent, toujours processionnellement, au salon de l'hôtellerie, d'où nous étions partis.

Le Père hôtellier avait disposé deux chaises, une table et un fauteuil ; je pris place sur ce dernier siége ; les Pères s'asseyèrent devant moi, et l'un d'eux, le plus âgé sans doute, m'ouvrit l'Imitation, dont il me lut un chapitre d'une voix si pénétrée, si suave et si céleste, que chaque mot me rassénerait, semblait dégager mon âme et l'élever à Dieu ; c'était sans doute la grâce dont ces cœurs étaient remplis qui me venait avec les accents de leurs voix, et réchauffait ma foi mourante.

Ni le pinceau, ni le burin, ne sauraient rendre le déli-cieux tableau que m'offraient ces deux anges de la péni-tence, ces deux moines de la Trappe. Leurs visages, jeunes encore, étaient pleins d'une distinction modeste qui trahissait une haute extraction ; cette pose monas-tique qu'apprend la règle et qui ne se trouve nulle part ailleurs, ces têtes rasées jusqu'à la peau, et qu'encadre un lainage d'une blancheur éclatante, tout jusqu'à ce livre ouvert, et de lui-même si insignifiant, donnait à cette scène religieuse je ne sais quelle teinte d'antiquité et de pureté biblique qui m'impressionnait vivement.

Ces deux Pères se levèrent et, inclinant leurs corps, disparurent comme une vision. Qu'elle est belle la religion de cette demeure sainte ! Comme tout y grandit et s'élève aux inspirations de la foi ! Sans elle, tout s'ap-petise et s'abaisse ; aussi rien d'étonnant que l'homme du monde jette à ces pratiques sublimes le sarcasme et l'ironie ; c'était la réflexion que faisait un jour un évêque célèbre, Mgr Duvoisin, à Napoléon, qui critiquait cer-taines pratiques des sulpiciens. Sire, il en est de ces pratiques comme des exercices militaires ; pour les com-prendre et n'en pas rire quelquefois, il faut avoir l'esprit de la règle, la véritable foi du soldat ; l'Empereur, tout triste et de mauvaise humeur qu'il était, car il venait d'apprendre la défaite de Baylen, se mit à sourire avec ce regard intelligent qui le distinguait, il remercia l'évê-que de Nantes de ses réponses, et le fit son conseiller et l'un de ses plus chers confidents.

J'étais resté seul avec le Père prieur et le Père hôtellier qui s'étaient tenus discrètement à l'écart pendant cette touchante cérémonie. Après m'avoir offert quelques rafraîchissements de la saison ; nous allions commencer notre promenade dans les murs de la clôture. Mais visiter ce monastère, sans connaître l'histoire de son passé, sans fouiller ces vieux restes d'un autre âge, sans demander à cette terre ses souvenirs, et interroger ces longues générations de moines, qui ont vécu et disparu, c'était s'exposer à une promenade froide et manquant d'intérêt, c'était faire un pélerinage incomplet. L'imagination, cette folle comme l'appellent les sages, est vagabonde et curieuse, elle n'aime rien tant que les choses et les hommes qui lui viennent à travers les brouillards, les incertitudes du passé. Elle est comme l'antiquaire, elle s'exalte sur tout ce qui a vieilli ; elle agrandit l'horizon, attache un nom, bâtit une histoire, réveille un souvenir ; tout cela l'enchante et l'occupe. Aussi, je priai les Pères, mes introducteurs, de vouloir bien me conter ce qu'ils savaient du monastère ; c'était leur demander l'histoire de la famille, qui ne la sait pas au couvent ?

Voici donc ce que racontent les chartes, les parchemins monastiques de Meilleraye, comme on l'appelait alors. C'était en l'année 1145, au temps des croisades, à cet âge héroïque de la chevalerie. L'Europe était à Dieu ; le flambeau de la foi brillait comme un phare céleste ; ses rayons embrâsaient toutes les régions civilisées par elle ; les fils des chrétiens qui sentaient couler dans leurs veines le sang du Christ, étaient sous les murs de Jérusalem, repoussant des saints lieux la barbarie mahométane, et mourant pour le triomphe de la croix.

C'était aussi les beaux jours de l'ère monastique, c'était le grand siècle de saint Bernard, de Vital, et de Robert

d'Arbrissel qui parcouraient les châteaux et les chaumières, semaient partout la parole de Dieu, remuaient
aux accents de leur éloquence la société jusque dans ses
fondements. En ce temps deux religieux, envoyés par
Foulques, abbé de Pontron, à la découverte d'un lieu
qui put recevoir un nouveau monastère, arrivèrent en
Bretagne.

La vieille Armorique était couverte de forêts et presque
sans culture ; elle était le jouet de la fortune et d'orgueilleux prétendants. Ses habitants étaient plus occupés à
manier l'épée, à défendre leurs titres et leurs droits,
qu'à cultiver la terre. C'est vers cette nature ingrate que
les enfants de saint Benoît s'envolèrent et vinrent chercher un gîte pour la pénitence et le travail.

Arrivés à Moisdon, ces moines-pélerins demandent
humblement l'hospitalité sainte, ils sont impitoyablement
repoussés, et réduits à passer la nuit dans une épaisse
forêt. Un énorme chêne creux s'offrit à leurs yeux, c'est
là qu'ils firent élection de domicile ; en pénétrant dans ce
pauvre réduit, ils aperçurent un rayon de miel, que des
abeilles sauvages y avaient déposé, ils en firent leur
nourriture.

Cette manne providentielle cachait pour eux la volonté
du ciel ; ils obéirent en bâtissant leur demeure dans ces
lieux sauvages, dont la vue seule faisait frémir d'horreur,
au milieu des épines et des bêtes de la forêt. Ces moines
qui, naguère encore, n'avaient pu trouver sur cette terre
le toit et le pain de l'aumône, celui qu'on donne pour
Dieu, élevèrent vite une humble maison, c'était celle de
l'hospitalité, elle était ouverte à tous : sainte vengeance
que la justice de Dieu accomplit depuis tant de siècles !

on l'appela Meilleraie, il était si naturel de consacrer le souvenir de cette ruche miraculeuse.

Retrouver ces pierres si péniblement élevées, pour bénir en elles l'œuvre de la foi et du dévouement, serait chose difficile, il y a longtemps que ces murs ont payé leur tribut, comme toute chose ici-bas; ce qui reste seulement de ces temps perdus, et les chroniques l'attestent, c'est l'abside de la chapelle, son autel repose sur le vieux tronc du chêne qui a donné aux deux moines errants asile et nourriture. Comme Salomon, ces solitaires mirent de longs jours à bâtir à Dieu ce temple monastique, car il ne fut consacré que le 7 août 1183, par Robert, évêque de Nantes, et Guy Hende, évêque de Vannes, sous Geoffroy, abbé de Meilleraie. Voyez un peu le retour des choses humaines : c'était un dimanche, tous les habitants de Moisdon, conduits par leurs seigneurs Bonabe de Rougé et Hervé de Ruffine, se pressaient autour de ces bons moines, dont ils bénissaient l'heureuse venue, et qu'ils regardaient déjà comme les anges du pays.

Ce qui n'est pas une moindre gloire pour ce couvent, c'est que saint Bernard, un des plus grands saints dont s'honorent l'Eglise et la France, a foulé cette terre, a peut-être monté les marches de cet autel, car nous avons vu une vieille charte qu'on conserve comme une pieuse relique, comme un monument précieux où se trouve conjointement la signature de saint Bernard avec celles des abbés de Meilleraie et de Buzé, monastère célèbre dont il ne reste plus que les ruines; à quelques lieues au-dessous de Nantes, sur les bords de la Loire.

Le monastère de Meilleraie a subi depuis sa création bien des transformations ; il nous est impossible de suivre d'âge en âge cette œuvre de ruine et de reconstruction. Ces moines ont eu leurs bons et leurs mauvais jours ; les guerres qui ont si longtemps désolé le duché de Bretagne, ont retenti sans doute jusque dans ces murs de la solitude et de la pénitence ; le calvinisme qui sapait tout, a-t-il respecté ces anachorètes, ces enfants du Seigneur ?

Les Trappistes occupaient encore la vieille abbaye à la fin du siècle dernier, ils bâtissaient ; le millésime de 1761, que nous avons remarqué au-dessus de la porte d'entrée de l'hôtellerie, n'est-il pas l'œuvre de leurs mains ouvertes à l'espérance, pendant que leurs oreilles étaient fermées aux bruits du monde ; car elles n'entendaient pas sans doute la tourmente révolutionnaire qui grondait au loin, et qui menaçait d'engloutir la France. Le flot de sa rage impie qui renversait tout sur son passage, Dieu et la société, arriva bientôt, écumant de fureur, jusqu'au pauvre monastère de Meilleraie qui ne résista pas longtemps.

Rien ne put protéger ses murs, ni ses services agricoles, ni sa bienfaisante charité ; les enfants d'Assur étaient déchaînés contre Israël, il fallait fuir ; et l'humble maison du Seigneur, ce refuge de la pénitence et de la prière, fut à minces deniers livré comme bien national, à d'avides acquéreurs qui se hâtèrent d'en venir prendre possession. Le troupeau monastique dispersé cherchait à l'étranger un abri contre la persécution, ces pauvres moines allèrent frapper à la porte de leurs frères en saint Benoît.

Un grand nombre de ces tristes exilés qui s'étaient

réfugiés dans l'antique Helvétie, devenus trop nombreux, résolurent de passer au Canada pour aller y chercher la palme du martyre, et ouvrir à ces contrées sauvages le chemin qui conduit au ciel. Ils étaient déjà sur le sol de la vieille Angleterre, attendant le navire qui devait les transporter sur les rivages du nouveau monde, lorsque Dieu, qui mène l'homme qui s'agite, comme l'a dit le sage, résolut de les attacher à cette terre du protestantisme, pour essayer d'y ramener la foi perdue.

C'était une difficile mission, tant les Anglais avaient de haine pour le catholicisme, pour les moines surtout dont ils s'étaient appropriés les biens après l'abjuration d'Henri VIII, et dont le retour menaçait leur tranquille possession. Mais ces lords détestaient d'avantage encore la révolution française, sa propagande pouvait renverser leur fortune et détruire leurs titres, ils prirent en pitié les victimes de sa rage, les accueillirent presque comme des amis proscrits ; et les pauvres moines, chassés par des catholiques, trouvèrent chez les protestants le pain de l'hospitalité et la protection de leurs lois.

Thomas Weld, un de ces pieux catholiques de l'Angleterre, qui, pour être resté fidèle à son Dieu, n'en était pas moins fidèle à son prince, Georges III, qui l'honorait d'une affection particulière, comptait une fortune immense, vingt-quatre millions de notre monnaie de France. C'est ce riche seigneur qui décida cette colonie de moines, à s'établir dans ses terres de Luworth, dans le comté de Dorscthire, au mois d'octobre 1794. Cette communauté prit bientôt d'assez vastes proportions ; ses succès agricoles, ses bienfaits de toutes sortes en firent bénir promptement les nouveaux habitants.

C'était une singulière chose, et un magnifique spectacle que de voir ces hommes de la pénitence pratiquant
les austérités de la vie monastique au milieu de l'Angleterre, de la patrie d'Henry VIII ! Dieu semblait avoir
imposé silence à la haine des disciples de Luther, comme
il commanda jadis aux flots de la mer de calmer leur
fureur. Les enfants de saint Benoît reposaient en paix sur
cette terre de l'intolérance et de l'abjuration ; c'était
certes un miracle bien surprenant, car, les protestants
d'outre Manche non seulement n'acceptaient pas les
étrangers en communion avec Rome, mais ils refusaient
de voir des frères, des concitoyens dans les Anglais
catholiques, et ils les repoussaient indignement des
charges publiques, comme si le sceau de leur foi était
une tache honteuse, la marque de l'hostilité à la patrie.
Qui ne se rappelle les excès de la tribune du parlement
britannique ? Chaque fois que cette question était agitée
au palais de Wesminster, c'était une tempête qui se soulevait tout-à-coup et qui accusait la haine de ce peuple
fanatisé.

Aussi les co-religionnaires des moines tremblaient-ils
pour ces pauvres exilés ; leur projet était accusé de folie,
c'était, disait-on, offrir volontairement et de gaîté de
cœur, la poitrine aux sicaires de l'apostasie ? Mais Dieu
veillait sur les proscrits, il mit au cœur des Anglais la
pitié qui parla plus haut que la haine ; chacun voulut voir
ces hommes, dont la vieille Angleterre avait perdu le
souvenir ; on se mit d'abord à rire dédaigneusement de
leurs pratiques religieuses, mais au fond du cœur, la
raison étonnée de tant de courage et d'empire sur soi-
même, de tant de foi et d'abnégation, retint peu à peu

son sourire ironique ; l'admiration se fit place bientôt, et ces moines virent leurs portes assiégées par les nombreux postulants qui, revenant aux croyances de leurs pères, demandaient à la pénitence le pardon du passé et la persévérance de l'avenir. Lulworth prospéra rapidement sur cette terre de l'orgueil et de l'hérésie ; ce petit coin de terre devint, pour ces enfants proscrits, un paradis retrouvé, la patrie absente.

Si l'Angleterre était devenue le refuge des moines qui fuyaient la persécution et la mort, elle était devenue également l'asile ouvert au clergé de France, qui avait préféré l'exil à la honte du parjure ; et qui avait mieux aimé conserver sa foi sur des rivages étrangers que de s'exposer à la perdre sur la terre natale, en jurant fidélité à une constitution qui n'était ni dans l'esprit ni dans la lettre de l'Eglise catholique.

L'abbé Saulnier de Beauregard, docteur en Sorbonne, ancien chanoine de Sens et conseiller-clerc au parlement de Paris, était de ce nombre. Il avait choisi Bruxelles pour refuge. Nous étions alors en pleine guerre. Le passage de Charleroi qui était le nœud de la campagne d'été de 1794 et dont la prise déterminait la marche des Français sur Bruxelles venait d'être effectué, la ville s'était rendue après un siége de huit jours ; les armées de la république, victorieuses à Fleurus, après une bataille acharnée, chassaient Cobourg et le duc d'Yorck de la Belgique, s'emparaient de Quesnoy, de Valenciennes et de Condé ; forçaient l'ennemi à évacuer Bruges, Gand et Bruxelles. Les Anglais, poursuivis par Pichegru, abandonnaient Anvers pendant que Jourdan battait les Autrichiens à Louvain ; tout le pays était en feu. Le pauvre exilé, dut en toute hâte quitter sa retraite, pour passer la Manche et aller chercher un abri plus assuré sur les rives d'Angleterre.

Le malheur élève à Dieu tout cœur généreux. Celui de l'abbé de Beauregard semblait s'épurer dans l'adversité, sa foi grandissait et son âme paraissait se détacher de la terre, pour porter vers le ciel toutes ses espérances.

C'était un esprit distingué, un homme d'un grand savoir, d'une vaste érudition ; l'élégance et la pureté de sa parole pouvaient lui ouvrir une large et brillante carrière, en attendant sur la terre de proscription des jours meilleurs. Déjà on berçait ses espérances de mille promesses, l'épiscopat lui faisait entrevoir les plus hautes positions, l'avenir lui appartenait.

Mais l'abbé Saulnier venait de voir tomber des têtes couronnées ; les princes de la France étaient dans l'exil, obligés de travailler pour vivre ; les plus illustres noms souffraient dans la misère et l'oubli ; le vent de la révolution avait tout détruit, tout renversé, Dieu seul était grand, jusque sur ces ruines où demeurait ensevelie, brisée par des mains impies, la croix du Christ, le gage du salut. Désabusé des choses du monde et le cœur fermé à l'illusion ; le chanoine de Sens, court à Lulworth, chercher la pauvreté et l'oubli, demander à la pénitence et à la prière des espérances moins fragiles et plus durables, c'était au mois de juin 1795 ; il y fut reçu sous le nom de saint Antoine.

Cependant ce monastère pour un pauvre novice n'avait rien de bien encourageant, les murs en étaient à peine élevés, la misère était encore la triste compagne de ces moines exilés ; la persécution de temps à autre faisait sentir son aiguillon. Les pamphlétaires, les libellistes de tous rangs, de toute nature semaient la calomnie et la haine ; le protestantisme souffrait près de ces religieux catholiques ; leur laisser la paix, c'était donner des armes pour combattre Luther et Calvin ; aussi, ne cessait-on de les tourmenter en leur jetant le venin qu'on distillait dans l'ombre ; en avilissant leurs pratiques aux yeux du peuple, et en noircissant leur caractère de solitaire. Voilà à quel prix ces enfants de la France obtenaient le droit de prier et de faire pénitence sur de lointains rivages ; voilà le temps et le lieu que choisit M. Saulnier de Beauregard pour se donner à Dieu sans partage comme sans réserve. Mais le ciel mène ses élus et quand il les choisit comme David pour conduire ses frères dans les voies du salut, il les épure dans le malheur et la peine.

Le prieur Jean-Baptiste, que dom Augustin, abbé du monastère de Val-Sainte en Suisse, avait fait gardien du troupeau qui partait pour l'Angleterre et qui fonda si péniblement Lulworth, mourut en 1813 ; c'est l'abbé Saulnier de Beauregard, en religion Père Antoine, qui fut appelé à lui succéder dans le gouvernement du monastère qui commençait à prospérer sur le sol de la vieille Angleterre.

Ces moines étaient encore à Lulworth en 1817 ; le roi Louis XVIII venait de négocier avec l'étranger la libération du territoire français, nous subissions la loi du vainqueur dans toutes ses exigences, par les réclamations de toute l'Europe contre nos victoires. Wellington était furieux, car grâce à la bienveillante intervention de la Russie, il s'était vu contraint de réduire à **370** millions les 1300 millions qu'il réclamait pour payer les frais de la guerre des armées coalisées. Les Anglais retrouvèrent, après ce désappointement, toute leur haine contre le nom français, et redevenus les ennemis des proscrits de la Révolution, ils chassèrent les moines du comté de Dorsetshire. Mais leur bienfaiteur, Thomas Weld, ne devait pas être témoin de ce cruel départ, il était mort depuis 1810.

C'est cet essaim de solitaires, d'ouvriers monastiques qui, chassés encore une fois par la persécution, va s'envoler pour venir s'abattre en quelque lieu désert de la patrie retrouvée ; Louis XVIII rappelait ces moines de la terre d'exil.

Les alliés n'avaient pas encore évacué notre pays, les souverains d'Europe engagés dans la coalition contre la France, allaient se réunir au congrès d'Aix-la-Chapelle et décider la retraite de leurs armées d'occupation. C'est au milieu de ces pénibles soucis que le roi Louis XVIII fit écrire aux moines de Lulworth, pour leur ouvrir les portes de la France. Ce prince retrouvait son trône et sa couronne, il croyait les devoir aux prières de ces fils de la pénitence, de ces pieux solitaires ; aussi se hâtait-il de leur témoigner sa reconnaissance, en leur rendant la France perdue pour eux depuis de si longues années.

Ces moines qui, ensevelis dans la retraite, paraissaient morts à tout sentiment du cœur, à toute attache pour le sol natal, sentirent leur âme de Français bondir de joie en recevant cette nouvelle inespérée.

Mais où ira s'abattre cette colonie d'anachorètes ? quel désert va recevoir ces enfants de saint Benoit ? c'était là qu'était, à cette heure du départ, le seul embarras, l'unique préoccupation. Dom Antoine, le Père de cette nombreuse famille de pénitents, partit pour la France, vint chercher un gîte et un toit pour prier et continuer dans le travail l'œuvre de Dieu.

Il chercha longtemps ; une noble dame, qu'une circonstance providentielle jeta sur ses pas, lui indiqua le vieux couvent de Meilleraie aux portes de l'Anjou, sur la lisière de la Bretagne, dans le pays de Nantes, près de Châteaubriant. Mais ce monastère et ses anciennes dépendances étaient aux mains d'acquéreurs ; il fallut traiter avec ces nouveaux propriétaires, les difficultés furent nombreuses ; enfin, le 8 février 1817, les conditions étaient acceptées, le contrat de vente était signé, les moines d'Angleterre avaient un refuge modeste, mais assuré du moins. Le Père Antoine n'avait acheté que les bâtiments d'habitation et quelques terres qui y étaient nécessairement liées. Il n'avait pu faire davantage, et encore les charges étaient-elles lourdes et difficiles à porter, elles grevaient péniblement l'avenir.

Le ciel lui vint en aide et parut sourire à sa sainte entreprise. Une châtelaine fidèle à Dieu, et noble comme l'illustre blason de ses aïeux, fit appeler le Moine propriétaire de Meilleraie ; j'ai acheté, lui dit-elle avec une grâce toute chevaleresque, deux fermes qui étaient autrefois le bien du monastère, reprenez-les, je n'en étais que la gardienne, j'attendais impatiemment le retour des proscrits pour leur remettre ce dépôt sacré. Comme le Père Antoine cherchait à exprimer sa reconnaissance ; elle l'interrompit respectueusement: c'est Dieu qui l'a voulu, je n'ai été dans sa main que l'instrument de sa Providence, ne remerciez que lui seul, mon Père. »

Le vicomte du Bouchage qui était alors ministre de la marine, après avoir pris les ordres du roi, écrivit aux moines de Lulworth, pour les informer que Sa Majesté voulait bien mettre un de ses bâtiments à leur disposition ; qu'ils eussent à faire tous leurs préparatifs de départ.

Nous avons sous les yeux les lettres que reçurent dans ce moment ces moines exilés ; rien n'est plus curieux et à la fois plus touchant que ces marques de respect, de sincère et religieuse affection. Le capitaine Pelleport, qui devait aller les prendre à bord de son bâtiment la *Revanche,* leur écrivait en leur annonçant son arrivée à Weymouth : « Cette mission m'honore ! Je suis heureux d'être un des premiers à vous prouver, par mon respect, le bonheur que votre rentrée en France y va causer. »

Les moines avaient fait leurs adieux à cette terre de l'exil, qu'ils avaient arrosée de leurs sueurs et illustrée de leurs vertus monastiques. La famille de Thomas Weld, ce patriarche, que n'oublieront jamais les solitaires de Meilleraie, voulut indemniser ces intrépides moines, des dépenses qu'ils avaient faites, pour améliorer ces rivages autrefois si arides, aujourd'hui si richement productifs. Elle leur donna de l'argent et quelques vaches qu'ils amenèrent en Bretagne. Le Père Antoine mit aussi à bord d'une gabarre de charge, qui devait marcher de conserve avec la frégate la *Revanche,* tous les instruments aratoires qui lui semblaient utiles, et qui ont tant contribué à grandir la célébrité de l'abbaye de Meilleraie. Tout le reste fut vendu, et on ne se fait pas idée de l'empressement des Anglais à se porter à cette vente. Chacun achetait, on voulait un souvenir du séjour de ces moines dans le duché de Dorscthire : des objets sans aucune valeur étaient payés un prix exagéré par cette foule qui se pressait aux portes du couvent.

Pendant les vingt années que les moines avaient passées en Angleterre, ils avaient fait de nombreuses recrues, quarante Anglais portaient l'habit monastique et pratiquaient dans toutes ses austérités la règle de saint Benoît. Ils voulurent suivre leurs frères sur la terre de France, pour eux la patrie, c'était le couvent, rien ne put les arrêter.

Partis de Weymouth le 10 juillet 1817, ils débarquèrent à l'embouchure de la Loire le 20 du même mois. Un bateau vint les prendre à Saint-Nazaire, et les déposa aux quais de Nantes, à l'endroit même où Carrier avait immolé à la révolution tant de victimes, dont tout le crime était la fidélité à Dieu, la haine à l'anarchie : c'était un singulier retour des choses humaines ; il y a vingt ans passés, ces rives désolées ne répétaient que les cris des mourants ; aujourd'hui ce sont des moines qu'une population acclame et reçoit au milieu des transports de la joie la plus expansive !

On leur offre la plus gracieuse hospitalité, chacun veut recevoir dans son logis ces enfants du malheur ; mais ils n'acceptent d'autre toit que celui de la pauvreté et de la misère : c'est à l'hôpital qu'ils vont passer la nuit.

Ces moines qui avaient éprouvé tant de peine et de persécution, qui revenaient de l'exil après vingt ans d'absence, avaient quelque chose de solennel au milieu de ces rues de la vieille cité bretonne. Cette terre abreuvée de sang semblait, en les revoyant, oublier le passé et croire à l'espérance ; il n'y avait que les proscrits des tombeaux qui ne revenaient pas et qu'on ne devait pas revoir : plus d'un habitant dut essuyer une larme.

La traversée avait été pénible, aussi après s'être reposés quelques jours, tous ces solitaires prirent la route de Nort, sur la délicieuse et mélancolique rivière de Barbin, qui rappelle tant de vieux et pittoresques souvenirs. Leur pélerinage de Nantes à la Meilleraie fut presque une marche triomphale ; les populations accouraient sur leur passage, bannière déployée, chantant avec les prophètes les hymnes du retour ; répétant avec Isaïe « Les vaisseaux » de la mer sont prêts pour transporter les enfants que je » t'amènerai de loin. »

C'était le 7 août qu'eut lieu l'installation solennelle du monastère ; tous les moines, vêtus de longues robes étaient réunis dans la grande salle du chapitre ; le vicaire-général capitulaire, de Nantes, qui était dans cette cérémonie chargé de remplacer le vieil évêque du diocèse, vint les chercher à la tête d'une légion de prêtres accourus de toutes parts à cette pieuse solennité ; la procession se mit immédiatement en marche sous ces cloîtres de l'ermitage. Au son de l'airain, de la cloche du monastère, mille voix, se mêlant à celles des moines, entonnèrent les hymnes du Seigneur ; ces échos qui dormaient depuis de si longues années s'étonnaient à répéter ces chants d'allégresse, et ces voûtes silencieuses retrouvaient la vie, le mouvement depuis si longtemps perdu.

Des officiers-généraux de l'armée, des administrateurs, des fonctionnaires de l'Etat, de hauts et riches seigneurs du pays marchaient entre les haies formées par le clergé séculier et les Frères converts. Ils venaient prendre part à la fête de famille ; on célébrait sur cette terre bénie le retour de l'exilé, la grâce du proscrit, l'arrivée du pélerin.

Tous ces Trappistes, au front rayonnant de joie, défilèrent, ayant à leur tête le Père Antoine, qui n'avait d'autre marque distinctive qu'une petite croix de bois qui pendait sur sa poitrine, et à la main une crosse de buis. En le voyant on se rappelait Jacob qui avait fui en Mésopotamie, pour se soustraire à la colère de Dieu, et qui revenait à la tête d'un nombreux troupeau, après avoir passé le lac à l'aide de son bâton. Ces moines, comme de nouveaux Machabées, venaient relever le temple de Dieu ; comme de nouveaux Esdras, ils venaient rétablir la loi du Seigneur, la règle de saint Benoît. Avant la messe du Saint-Esprit, chaque Trappiste alla se prosterner devant le supérieur et dit : Mon Père je vous promets obéissance jusqu'à la mort. Le Père abbé répondait en les relevant et les embrassant : Et moi mon fils je vous promets, au nom de Jésus-Christ, la vie éternelle. Rien n'était émouvant comme cette cérémonie du monastère : ces promesses portaient le trouble jusqu'au fond de l'âme : tant de vertus et de soumission réveillaient la foi dans les cœurs des assistants. Ce qui surtout impressionna très-vivement les assistants, c'est la vue de cette croix de bois très-grossièrement ouvragée, qui avait été témoin de leur malheur, qu'ils avaient emportée de Val-Sainte en partant pour l'Angleterre ; c'est elle encore qu'ils portaient en revenant de l'exil ; elle est fixée comme une pieuse relique dans les murs du cloître.

Le *Te Deum,* ce chant de fête, de victoire, en s'échappant de toutes ces poitrines, porta jusqu'aux cieux la prière de l'ermite, la reconnaissance de l'exil ! C'était la fin d'un beau jour qui devait laisser au couvent d'ineffaçables souvenirs.

La vie était enfin revenue dans ces murs abandonnés, les cloîtres retrouvaient leurs solitaires, la chapelle ses chants, l'hôtellerie ses hôtes et ses pélerins du monde, les étables et les vergers allaient recouvrer leur animation, tout se réveillait au souffle de ces moines, les morts seuls dormaient dans la poussière.

L'ère des persécutions semblait à jamais fermée pour les moines de Meilleraie, leur cœur s'ouvrait à l'espoir de vivre et de mourir dans cette humble retraite, loin du monde et des plaisirs ; le Père Antoine, tout entier à la joie de retrouver Dieu et la France, ne songeait qu'à remercier ses bienfaiteurs : la pénitence n'éteint pas la reconnaissance, elle la grandit et l'élève. Au capitaine de la frégate la *Revanche* il écrivait : « Je vous adresse cette
» épée, c'était celle d'un brave soldat, d'un de nos reli-
» gieux. Je n'ai pas cru pouvoir la déposer mieux qu'en
» vos mains. Un prêtre du Seigneur ceignit autrefois David
» d'une épée ; je suis convaincu, qu'à l'exemple du saint
» roi, vous n'userez de celle que j'ai l'honneur de vous
» présenter, que pour défendre votre pays et la religion. »

Après cette longue histoire, que j'aurais voulu vous conter avec la naïve simplicité des moines, comme contaient autrefois nos pères, ces patriarches de la famille, nous commençâmes la visite du monastère.

Du salon de l'hôtellerie, les Pères me conduisirent à la cellule qu'on me destinait pour les quelques heures que j'avais à passer au couvent. Elle était placée sous l'invocation de saint Jean-Baptiste. Le Père prieur me fit pénétrer dans ce délicieux gite de l'hospitalité monastique ; il n'y manquait que le luxe et le superflu.

Un lit confortable, garni de draps de lin d'une blancheur éclatante, était soigneusement enfermé de rideaux simples, mais d'une propreté sans reproche. Il était tout fait et attendait son propriétaire d'un jour. Une table couverte de livres de piété, d'histoires aussi, car le Trappiste, en vous donnant l'hospitalité, ne prétend point vous contraindre à la prière et à la méditation de la retraite; il vous la conseille par l'exemple, et prie Dieu de vous l'inspirer. Je trouvai aussi sur cette table du papier pour retenir ses impressions, ou pour faire voler sa pensée jusqu'au bout du monde; un fauteuil qui devait venir de Lulworth, tant il était antique, et quelques chaises, complétaient le mobilier de cette humble mais confortable cellule.

Un christ était attaché au-dessus de la cheminée; au pied de cette croix était une tête de mort. Cette image, disent les moines, est bonne conseillère, c'est pour nous le meilleur aiguillon de la pénitence.

Comme je remarquais dans cette pièce quelques tableaux gothiques peints sur bois, ainsi que j'en avais vus déjà à l'hôtellerie, le Père me dit : « C'est un souvenir d'un de nos Frères d'Angleterre; il est mort en saint et repose déjà depuis longtemps dans le cimetière du monastère, sous les murs de notre chapelle. C'était un jeune anglais, aimant le monde : il buvait à la coupe de tous les plaisirs, et s'enivrait de fêtes et de folies. Il vint un jour à Lulworth, attiré par la curiosité; et pour rapporter à la ville ses impressions dont il espérait amuser plus d'un compagnon des tavernes de Londres, mais c'était un piége que lui tendait la miséricorde de Dieu, il y fut pris, et au lieu de se moquer de nos pratiques de moines, il en devint lui-même le plus fervent adepte, un des modèles de Lulworth et de Meilleraie. C'était un artiste distingué, toutes les peintures que vous trouverez dans notre monastère, sont l'œuvre du Frère Bonaventure. C'est également lui qui a fait le devant de cheminée que vous avez observé dans le petit parloir des femmes, à l'entrée du couvent.

Le Père prieur me fit descendre avec lui l'escalier d'honneur de l'hôtellerie, pour aller visiter les dépendances du monastère. Mais au bas de la rampe, dans le large couloir qui conduit à la grande porte des cloîtres, je vis la cuisine des étrangers, je manifestai le désir de la voir ; le Père aussitôt se hâta de m'y conduire. C'est une pièce étroite, éclairée par une large fenêtre qui donne sur la cour de l'enclos. Des étagères nombreuses supportaient les ustensiles culinaires, qui brillaient par leur élégante propreté, suivant le proverbe de saint Bernard, pauvreté toujours, malpropreté jamais. Un moine, le modeste Vatel du couvent, était à ses fourneaux ; il préparait le dîner des étrangers, car cette cuisine était celle de l'abbatiale et de l'hôtellerie. Un Frère novice, le capuce sur la tête, était assis à ses côtés, sur un petit siége de bois, occupé à ratisser des légumes.

Arrivé dans la cour de l'enclos, celle que j'avais déjà vue en entrant au monastère, le prieur qui était resté seul avec moi, me proposa de commencer notre visite par la pharmacie, pour y voir les malades de la communauté : c'était justice et rien de plus naturel, que le Père médecin, me fit les honneurs de ce lieu dont il avait la souveraine direction.

Ce sanctuaire hyppocratique est relégué mystérieusement au fond du petit jardin qui est placé à gauche de la

loge du Frère portier, il prend une partie de la cour
d'entrée. Il est entouré d'un treillage qui en défend l'accès ;
la sauge, la mélisse et la lavande y croissent à côté de
la saponaire et de la rhubarbe ; de magnifiques lys ombra-
geaient la camomille, il n'était pas jusqu'aux larmes de
Jacob, ces graines de la prière, qui n'épanouissaient
leurs rameaux dans le voisinage de la réglisse, non loin
d'un oranger de la plus belle venue. Pour éviter l'erreur
et fuir le danger, chaque membre de ces familles bota-
niques portait son nom lisiblement écrit sur un petit
morceau de bois, ou sur un écriteau d'ardoise.

L'officine était gardée par un Frère trappiste dont l'âge
et les connaissances garantissaient les services. Lorsque
nous entrâmes, il remettait l'ordre dans ce monde phar-
maceutique, rangeait dans ses états chacune de ces
puissances médicales ; les plantes exotiques avaient leurs
rayons comme les produits indigènes avaient les leurs.
Dans une prison sous de solides verroux étaient étroitement enfermés, ces agents qui donnent la vie ou la mort
selon que la science ou l'ignorance les administre : cette
pharmacie n'est pas seulement destinée à rendre la santé
aux moines épuisés, mais elle est encore la providence
des pauvres. Chacun dans ce pays perdu y vient prendre
tout à son aise, comme si le bien des Trappistes était son
propre patrimoine.

J'étais assis sur un siége de bois, près du Père,
chaque moine souffrant vint à son tour se placer devant
nous. La maladie avait bien imprimé sa marque sur
ces visages ; mais la tristesse n'y paraissait pas, les
Trappistes semblaient rire de leurs misères : on le comprend aisément, le pélerin pressé d'arriver au terme de

sa course, sourit à l'orage qui pousse sa nacelle. Toutes les maladies qu'on fit défiler sous mes yeux étaient de celles que la vieillesse amène et qui sont ses compagnes obligées ; c'est à peine s'il en était une dont on put accuser le cloître et ses rigueurs.

Chaque ermite malade, est au couvent comme au sein de la famille entouré de soins et de prévenance. Son lit devient plus moelleux, sa nourriture sinon plus succulente, du moins plus digestive ; on lui permet, si la science et le besoin l'ordonnent, le poisson, la viande même ; le législateur est formel dans ce chapitre de sa règle, il veut qu'on abandonne tout pour soigner les malades, et il fait au Père abbé une nécessité de conscience, la première loi de sa charge abbatiale, de s'occuper d'eux avec toute la sollicitude d'un chef de famille.

Mon Cicerone monastique en sortant de la pharmacie me dit : Nous allons maintenant visiter ce que nous pouvons appeler notre colonie ; les servitudes, les jardins, et nos fermes d'exploitation. Cette partie de notre monastère est celle qui paraît le plus vivement intéresser les étrangers.

Lorsqu'en 1817, nos Frères prirent possession de Meilleraie, ajouta le Père qui m'accompagnait, nous ne possédions guère que cinquante-cinq hectares, c'est-à-dire l'espace et les bâtiments renfermés dans nos murs d'enceinte. Nous avions, en dehors de l'enclos, conservé quelques terres pour y faire des prairies à l'usage de la communauté.

Le reste qui comprenait environ cent cinquante hectares était aux mains de fermiers qui avaient des baux dont il fallut bien attendre patiemment l'expiration.

C'est donc à cultiver ces cinquante-cinq hectares que notre Père Antoine, de si regrettable mémoire, mit tous ses soins, toute sa sollicitude, nous étions pauvres, il fallait produire vite et beaucoup, sous peine de souffrir de la faim, ou d'aller tendre la main à la charité publique. Le revenu de toute la communauté ne s'élevait pas à plus de trois mille et quelques cents francs. Sur cette somme destinée à faire vivre toute une colonie de moines, il fallait prélever l'argent nécessaire à l'achat de l'outillage de l'exploitation, il fallait s'installer et faire mille dépenses indispensables, qui grevaient notre budget et mettaient notre avenir en péril, mais grâce au ciel, et nous le dirons, à la reconnaissance éternelle de notre fondateur ; nous avons vécu avec nos propres ressources, attendant de Dieu et du temps des jours meilleurs, l'aisance du travail.

Le Révérend Père Antoine distribua ses ouvriers de la pénitence ; à chacun il donna sa tâche, son labeur : les pierres furent extraites du sein de la terre et les murs de clôture, les servitudes de la colonie s'élevèrent rapidement, comme par miracle ; les jardins furent profondément fouillés, les ronces et les épines en furent arrachées avec soin, et à la place de ces rochers, qui laissent comme le dit l'Evangile, le grain du laboureur sécher dans sa stérilité, on apporta des terres végétales, riches de production. Les lieux humides furent asséchés par de nombreux canaux, par des aqueducs qui, laissant écouler l'eau, rendaient à la terre sa chaleur naturelle et sa fertilité.

Nous étions arrivés, en traversant les bâtiments de l'hôtellerie des ouvriers, dans un magnifique et immense jardin. Ses plis et replis de terrain, lui donnaient une forme ondoyée, qui ne manquait pas d'originalité, et ajoutait au panorama ; on reconnaissait aisément les pénibles travaux auxquels avaient dû se livrer ces moines pour amener ces terres à ce degré de riche production.

Sous un berceau où s'enlaçaient avec les rameaux d'une treille, un jasmin chargé de fleurs, était une petite statuette de la sainte Vierge ; chez les moines on retrouve presque à chaque pas cette image vénérée. C'est sous cette tonnelle, à l'ombre du soleil, que les pèlerins de cet ermitage viennent se reposer sous l'œil de la protectrice de cet enclos.

En 1817, au retour des exilés, cette terre était le champ de la désolation, soit nature, soit oubli, elle ne donnait que des plantes maudites.

En quelques années, grâces à une active et intelligente culture, la pomme de terre, cette providence du riche et du pauvre, le choux de l'antique Vendée, le turneps, cette précieuse importation de l'Angleterre, le rutabaga, cette racine originaire de la Suède, qui a l'avantage de venir de bonne heure au printemps, joint celui d'avoir un goût exquis, poussèrent comme par enchantement, et donnèrent aux étables comme à la table des moines une nourriture saine et nombreuse.

L'angélique dont les rameaux odorants, conservés dans le sucre, font de Châteaubriant, la ville tributaire de toute la France, est à Meilleraie d'une luxuriante végétation ; la laitue romaine, le melon-cantaloup aux côtes saillantes séparées par de profonds sillons, dont le jus savoureux, comme dit le poëte Delille, parfume la bouche, mûrissaient sur une couche exhaussée, aux rayons du soleil exposés.

C'est la sève qui s'épanche sous toutes les formes, qui revêt les plus belles couleurs ; ces plantes, ces fruits, qu'ailleurs souvent on regarde avec douleur, tant ils sont frêles et dégénérés : qui viennent avec peine, accusant la maladie, s'étiolant sur leurs tiges, comme si le monde leur donnait la contagion ; à Meilleraie sont forts et vigoureux, pleins d'une santé robuste, on les dirait régénérés à l'ombre de ces cloîtres, sous ce soleil de la pénitence et de la prière. Aussi l'horticulteur intelligent vient-il chercher au couvent ces sujets pleins de vie, ces graines qui promettent une génération nouvelle exempte de souffrance et de maladie ; ces espèces exotiques que les moines, à force de soins et d'attention, ont appris à se consoler et à vivre loin de la patrie sur une terre étrangère.

Les Trappistes en ce moment arrivaient au jardin, défilant sur une longue file, comme une armée de travailleurs, la pelle sous le bras, et la robe relevée un peu au-dessus du genou, à l'aide de liens qui s'attachent à la ceinture.

Un Frère jeune encore, à l'œil vif et intelligent, distribuait l'ouvrage en silence avec beaucoup d'ordre et de dignité ; les uns, et c'étaient les plus nombreux, remuèrent la terre d'un carré, les autres se mirent à planter pour l'automne, pour la réserve d'hiver ; quelques-uns roulèrent des pierres arrachées à la terre ; de temps en temps, sur un signal donné par le chef de chaque escouade, tous les moines suspendaient leurs travaux, qu'ils reprenaient après avoir élevé leurs cœurs à Dieu pendant quelques moments.

Ces travailleurs étaient composés de Pères qu'on reconnaissait à leurs robes blanches, sur laquelle était jeté un scapulaire de laine brune ; de Frères convers, dont tout le vêtement était brun ; de Frères donnés et de postulants qui étaient dans leurs habits du monde, en costume des champs ; ils étaient tous chaussés de sabots. Au milieu de ces moines, de jeunes apprentis jardiniers achevaient le personnel de cette colonie de travailleurs.

Le Frère qui tout à l'heure distribuait l'ouvrage à tous ces soldats de la pénitence, et qui était sans doute le chef jardinier, visitait en ce moment les plantes, les arbres confiés à sa garde ; je le vis aller à ces magnifiques treilles qui serpentaient le long des murs ou qui s'élançaient en riches palissades sur le bord des plates-bandes soutenues par des fils de fer. Il les examinait avec toute la sollicitude possible, consultait les grappes encore cachées sous la feuillée, cherchait si elles ne portaient point les germes de cette maladie maudite, qui fait le désespoir du vigneron, et que la science appelle l'oïdium, que Dieu sans doute appelle le châtiment.

Il regardait aussi ces pêches qui, pareilles aux pommes des Hespérides, doraient les espaliers exposés au soleil du midi, il passait ainsi en revue tous ces beaux produits, qui vont chaque matin enrichir les marchés des villes voisines, aucun de ces fruits savoureux ne restent au couvent. Dans ce jardin, à la partie supérieure, existe un moulin à farine, une belle minoterie, un Frère qu'on prendrait aisément pour un Père tant sa robe était blanchie par la farine, présidait seul à cet établissement qui fonctionne merveilleusement. Je cherchais partout le moteur, l'âme de ce moulin, je ne voyais ni fumée, ni eau, ces deux principes de la vie industrielle ; le Père qui s'aperçut vite de mon embarras, me dit : nous avons caché sous la terre un courant, une chute d'eau qui vient de l'étang et qui donne le mouvement à cet appareil ; puis il ajouta avec satisfaction visible : c'est encore là l'œuvre de notre bon Père Antoine.

Nous quittâmes ce jardin pour traverser les servitudes qui sont comme les deux extrémités d'un fer à cheval formé par la cour de l'enclos et les bâtiments qui lui servent d'enceinte. Elles séparent les deux jardins ; nous venions de quitter celui de l'ouest, j'ignore le nom qu'au monastère on lui donne ; nous arrivâmes à celui qui lui fait vis-à-vis et que nous appellerons le jardin de l'est. Il est condamné, on n'y peut pénétrer sans être accompagné d'un guide religieux, on s'explique aisément cette mesure : ce lieu est immédiatement placé devant la communauté proprement dite. Pour y assurer la solitude et le silence, il a bien fallu en écarter les étrangers dont l'indiscrétion serait à chaque heure du jour une cause de trouble et d'indiscipline. Deux ailes du carré formé par le monastère donnent sur ce jardin, l'une qui est au sud se soude par un côté à angle droit avec le bâtiment de l'hôtellerie ; l'autre forme l'angle correspondant et va s'adapter à la chapelle qui achève le dernier côté de ce quadrilatère.

Le bâtiment qui donne au sud sur le jardin du couvent est une belle construction ; ses fenêtres sont larges et élevées, sans ornement ; c'est une architecture simple mais à large caractère : elle est, selon toute probabilité, du commencement du règne de Louis XV. Cette demeure, sous un beau soleil d'été, embaumée par les clématites et les roses qui croissent sur une large terrasse élevée devant toute la façade, a un cachet de gaîté qui contraste avec les idées de tristesse qu'on prête à ces cloîtres ; on en fait volontiers un ossuaire où l'air et la lumière ne pénètrent qu'à regret, où les hommes s'ensevelissent tout vivants, où la mort a déjà étendu son linceul.

La façade de l'Est donne sur le même jardin, et a toute l'étendue des bâtiments de l'hôtellerie auxquels elle correspond. Car, on le sait, et nous le répétons ; la communauté forme un carré parfait, un quadrilatère d'une régularité géométrique, aussi exact que possible. Par un soleil levant, cet aspect du monastère est magnifique ; cette végétation qui l'entoure, ces vastes allées qui, de toutes parts y aboutissent comme à un centre commun, ces moines occupés au travail d'horticulture, ou qui pour le service de la communauté passent et repassent, car c'est là à proprement parler la façade véritable de l'ermitage : lui donnent une animation des plus pittoresques. Ce bâtiment, construit avant les autres, fut édifié au commencement même du siècle dernier ; son millésime de 1701, qui est au-dessus de la porte d'entrée, fait remonter sa construction à l'année de la mort de Jacques II qui fut chassé d'Angleterre pour avoir voulu y rétablir la religion catholique : battu par Guillaume de Nassau à la bataille de Boyne, il se réfugia en France où Louis XIV lui donna une royale hospitalité.

C'est à la partie supérieure de la façade de ce bâtiment, derrière le chœur de la chapelle, qu'est le cimetière du monastère, à l'ombre de cyprès funéraires plantés sur le chemin, qui marquent sans doute la terre où étaient déposés jadis les moines de cet ermitage.

Cette demeure sombre, peinte par les poètes et les

romanciers, a je ne sais quelle teinte mystérieuse qui sied à l'imagination ; ce sont des fantômes, de mélancoliques rêveries, des invraisemblances qu'on entasse follement, comme si la mort d'un moine, comme si le sommeil de l'ange qui s'endort dans la prière, l'âme à Dieu, le corps brisé par la pénitence, ne suffisait pas à l'étonnement, à l'admiration du chrétien ! Ici c'est la foi qui enfante le merveilleux ; sans elle ce cimetière est un lieu de peine et d'horreur, qu'il faut se hâter de fuir, car tout attriste l'œil, rien ne ressemble là à ces fastueuses nécropoles où l'orgueil élève à la poussière des tombeaux de somptueuses habitations, de véritables palais.

Un tertre modeste, qui mesure la terre déplacée par le cadavre qu'on a déposé à quelques pieds de profondeurs au-dessous du sol, un peu d'herbe, des violettes, qui ont pris la vie où repose la mort : voilà où la douleur s'endort, à l'ombre d'une croix de bois qui, pour toute épitaphe, porte le nom du Trappiste décédé.

Il me semblait voir écrit sur ces murs, ce que d'immortels soldats de l'antiquité avaient fait graver sur la pierre du chemin où reposaient leurs restes : Passant, va dire à Sparte que nous sommes morts ici pour l'observance de lois sublimes, qu'elle soit heureuse et fière.

La voie que prend le Trappiste pour venir à cette demeure dernière, n'a rien de la tristesse du sentier que suit le mort du monde ; tout sourit et s'illumine aux rayons de la foi et de l'espérance. Un enfant de saint Benoit voit approcher sa fin sans frayeur, pour lui c'est le commencement de la vie, c'est l'éternité qui s'élève, c'est Dieu qui l'appelle.

Vespasien, dans son orgueil de maître de la terre, disait qu'un empereur romain devait mourir debout, comme si l'âme devait s'échapper du corps en conservant jusqu'à l'heure dernière sa force et sa fierté! L'ermite, au contraire, regarde l'humilité comme l'apanage de la grandeur, comme un titre à l'immortalité; il se fait déposer sur la cendre, c'est là qu'il veut rendre le dernier soupir. Il craint qu'à l'heure de la séparation, sa raison l'abandonne; il prend ses précautions, fait ses recommandations; cette prière est le testament, la volonté suprême du Trappiste.

Tout va finir ici-bas pour lui; aux battements de son cœur, à l'anxiété de sa respiration, le Frère infirmier a compris que la vie va s'éteindre pour jamais; il trace avec la cendre une croix sur le carreau, il y jette un peu de paille, il y dépose le pauvre mourant; c'est sur ce trône, qu'avait choisi saint Louis, qu'est étendu le pieux ermite, c'est sur ce seuil de l'éternité, au milieu de ses frères en prière, qu'il attend l'ange du salut.

Il meurt sans effort, comme sans torture; il vient de passer de la terre au ciel, ses traits semblent conserver l'empreinte du bonheur que son âme a éprouvé au moment où, quittant son corps, elle a entrevue Dieu dans sa cité éternelle. On lui ferme les yeux, et on dépose ce cadavre dans la chapelle, au pied du sanctuaire, sans appareil, sans bierre, revêtu seulement de ses habits religieux, tenant entre ses mains jointes une petite croix de bois, dans l'attitude du recueillement et de la méditation.

L'heure de la sépulture venue, tous les membres de la communauté sont autour du mort, le front dans la poussière; ils prient avec le prêtre qui jette l'eau sainte sur ces restes humains, et qui conjure Dieu de recevoir dans sa céleste miséricorde l'âme qui les animait et qui vient de s'envoler vers lui. C'est un moment solennel, tous ces moines semblent vouloir faire violence au ciel tant ils prient avec instance.

Le cortége se met en mouvement; le catafalque, sur lequel on élève ce moine, est une modeste civière que portent deux Trappistes, enveloppés dans leurs grands manteaux, la tête couverte de leurs capuchons.

Le chant des psaumes retentit tout-à-coup sous ces voûtes saintes; à la joie, à l'espérance qu'ils expriment dans leur langue inspirée, on dirait une marche triomphale tant le convoi de la mort a disparu : tout ce cortége de moines répète avec les prophètes : « Je ne mourrai point, mais je vivrai et je raconterai les merveilles du Seigneur. — Que la gloire ne soit pas pour nous, Seigneur, mais qu'elle soit tout à votre nom. — Levez-vous pour entrer dans le lieu de votre repos, que vos prêtres soient revêtus de justice et que vos saints tressaillent de joie. — Ne sont-ce pas là les chants de la victoire, et s'il est dur de vivre au monastère, n'est-il pas doux d'y mourir?

Après avoir parcouru processionnellement les cloîtres, le réfectoire et tous les lieux que le Trappiste a réjoui de ses vertus et de ses exemples, comme pour leur dire un dernier adieu, le cortége s'achemine vers le cimetière. On dépose le corps près de la fosse ouverte pour le recevoir; le chant des psaumes continue, et semble plus sublime encore en plein air, à ciel ouvert. Le moment solennel est venu; un Trappiste s'approche du mort, retire le petit crucifix qu'il tenait étroitement, puis

3*

baisant ses mains, il les renferme dans les larges manches de sa longue coule, les larmes dans les yeux ; c'est une touchante scène de famille, ne croit-on pas voir Joseph pleurant sur Jacob ?

Le Père infirmier descend dans la fosse pour y recevoir le mort qu'il y couche avec tous les soins possible, remonte aussitôt, puis la terre vient recouvrir cette dépouille mortelle, au milieu d'un silence profond. Les Trappistes sont dans l'immobilité la plus absolue. Mais il faut faire à Dieu une dernière prière, celle de la séparation ; tous les moines se prosternent trois fois jusqu'à terre, en poussant fortement, vers le ciel, ce cri de grâce et de salut : *Domine, miserere super peccatore ;* Seigneur, prenez pitié de ce pauvre pécheur ; puis ils s'éloignent en psalmodiant gravement les accents du prophète pénitent, et chacun retourne au travail des champs, continuer sa vie de retraite et de prière.

Voilà comment on meurt au monastère. Je cherchai longtemps dans le petit cimetière du désert, la tombe d'un vieux grenadier des armées impériales, qui sous les yeux de l'empereur traversa le Danube à la nage au mois de janvier 1811, il tenait un coutelas entre ses dents ; il allait, en plein jour, sous le feu brûlant d'une mousqueterie sans pitié, couper les amarres des bateaux que défendait l'ennemi, sur la rive opposée du fleuve. Il revint triomphant de cette expédition terrible : son nom fut mis à l'ordre du jour, et il reçut devant toute l'armée pour prix de ce beau fait d'arme, une pension qu'il touchait encore au monastère de Meilleraie, il y a quelques années.

Un autre sans doute avait déjà pris la place de ce

chevalier sans peur, de ce soldat à l'âme énergiquement trempée, qui, après avoir su exposer sa vie pour son pays avait su vivre pour Dieu au fond d'un cloître, pratiquant avec la docilité d'un enfant toutes les vertus du monastère. Dans ce cimetière la gloire n'a point de nom, point de somptueuses épitaphes ; tout y passe comme les choses de la vie, et le mot perpétuité, ce mensonge fait à la douleur n'est écrit nulle part.

Deux tertres de gazon étaient côte à côte, c'étaient ceux de deux Frères qui, attirés l'un par l'autre, étaient venus mourir au monastère. Ce spectacle m'impressionna vivement, j'y tenais les yeux attachés ; et je me demandais comment expliquer pareil fait, si le couvent était aussi terrible que le disent les gens du monde, s'il n'avait pas ses attraits et ses compensations religieuses.

Pendant que je passais en revue chaque croix de ce cimetière, le Père prieur était allé s'agenouiller près d'une tombe ouverte, sorte de lit tout fait, qui attendait pour l'éternité son hôte, la victime marquée par la mort. Ainsi le veut la règle. Mais je n'ai point appris qu'elle fût l'œuvre quotidienne des moines qui viennent chaque jour enlever une pelletée de terre, donner un coup de pioche. C'est une erreur qui s'est poétiquement accréditée dans les romans, comme cet autre usage qui veut que les moines s'accostent, en répétant sur un ton lugubre : Frère il faut mourir ! Ce sont là, les rêves d'une imagination à la recherche du merveilleux.

Nous reprîmes, tout pensifs, le chemin qui devait nous ramener aux servitudes d'exploitation que nous avions déjà traversées. Le premier bâtiment que nous visitâmes était celui de la colonie proprement dite, il était habité par de jeunes ouvriers des champs qui se formaient au labourage et à l'horticulture. Sous le minis-tère Martignac, cet établissement avait une importance bien plus grande; le gouvernement qui savait toute la science et le zèle du Père Antoine lui avait confié l'éducation de jeunes élèves : c'était une pépinière, un véritable athéné agricole, d'où sortaient des laboureurs consommés, qui rapportaient au village les conseils du maître, les leçons de l'expérience.

Mais le bourdonnement de cet essaim nuisait à la stricte observance de la règle, il fallut le resserrer. Aussi sa prospérité n'est plus celle des anciens jours; on n'y reçoit plus que les fils du pauvre, que quelques privilégiés de la misère.

Les étables qui font suite à ce bâtiment, sont édifiés sur le modèle de la ferme de Grignon, près Paris; ce sont de magnifiques vacheries, où l'air et le soleil pénètrent largement, selon toutes les règles de l'hygiène la mieux entendue; lorsque l'atmosphère est douce et que la chaleur du soleil est bénigne, des murailles de bois s'ouvrent en forme de tabatière et donnent à ces animaux domestiques tous les avantages d'une existence en plein air. Les toiles d'araignée que l'ignorance ou la superstition respectent ailleurs, sont à Meilleraie enlevées avec soin, comme dans la demeure même du Trappiste. Ces bêtes reposent sur d'épaisses litières qu'on s'empresse de renouveler, et dont le sol de pierre ingénieusement incliné, permet aux eaux de s'écouler et donne un lit de paille qui n'a pas cette odeur infecte, cet aspect hideux des fermes de nos campagnes.

Ces étables étalent aux yeux des visiteurs leurs riches

produits. Le Cottentin, le Mans, comme l'Auvergne et la Vendée, y avaient leurs magnifiques races. Nous avons vu de beaux étalons qui venaient de Durham, et qui faisaient, par leur forme et leur luxuriante santé, l'admiration des agriculteurs.

Le Père Antoine, en donnant à ces étables cette prospérité, qui a fait de Meilleraie une ferme modèle, le rendez-vous de tous les hommes du progrès : en multipliant ces belles races, qui font l'espérance de nos boucheries et la fortune des marchés : a surtout voulu régénérer la race bretonne, si frêle, si misérable ; c'était là son unique, sa constante préoccupation.

Dans des toileries ingénieusement installées, et qui forment tout un quartier de ces servitudes ; on élève de nombreuses familles, de porcs, véritables habitants de la cochinchine, dont les formes monstrueuses de graisse ont été déjà cent fois couronnées dans les concours régionaux du gouvernement. Un jeune colon était chargé de leur surveillance et semblait apporter, dans ce soin, autant de goût que d'intelligence.

J'entrai dans une petite cuisine où des moines préparaient la nourriture de tous ces animaux : on triturait des herbes, des racines qu'on mêlait à du son, ou à du lait et qui cuisaient dans de vastes chaudières : on chauffait l'eau de leur boisson pour éviter les pneumonies, ces maladies épidémiques des étables. A Meilleraie on a pour tous ces habitants de la basse-cour une sollicitude aussi éclairée que douce, et la loi Grammont, avant d'être écrite dans nos codes, était dès longtemps en pratique au monastère.

On me fit voir ensuite la plus importante curiosité de

ces servitudes de la Trappe : c'est un moulin qui reçoit la vie de la chute d'eau qui anime la minoterie du jardin, que nous avons déjà vu. Cet appareil qui représente une très-grande puissance, peut battre par tous les temps, car il est à couvert, soixante hectolitres de blé, et cent dix hectolitres d'avoine par jour. On est étonné d'un travail aussi considérable obtenu par un aussi petit nombre de bras, ce qui n'est pas sans importance dans une exploitation comme celle de Meilleraie.

Je n'avais pas encore visité la laiterie. Le religieux qui mettait à me faire voir son ermitage une si bienveillante obligeance, me conduisit dans un caveau que les Trappistes avaient taillé dans le roc. Des bassins de plomb à formes évasées présentant plus de surface que de profondeur, afin d'obtenir une crème plus riche et plus nombreuse, étaient soigneusement rangés à quelques centimètres de terre sur des blocs de pierre.

L'image vénérée du Christ était le seul ornement de ce souterrain dans lequel régnait la plus délicieuse fraîcheur; d'une fontaine jaillissait une eau limpide qui servait au lavage des terrines, des dalles et de tous les ustensiles de la laiterie ; le gardien de cet antre solitaire était un pieux anachorète, un jeune novice, qui inclina, en nous voyant venir, un front sur lequel on lisait, au milieu de la plus douce sérénité, toutes les vertus qu'au monastère on pratique.

Ce lieu déjà de lui-même si riant, si champêtre, était ombragé d'un chevrefeuil que Dieu semblait avoir pris plaisir à faire croître loin du bruit et de la contagion. Son parfum se mêlait à celui de la prière, il était plus pur et plus suave ; on le respirait à l'aise.

Il y avait bien d'autres bâtiments encore, mais qu'on ne me fit pas visiter, ils rappellent des jours de tristesse ; c'est à peine si on ose soulever le voile de deuil qui les recouvre. Lorsque les moines de Lulworth arrivèrent à Meilleraie, la Bretagne, la vieille Armorique, portait encore le stigmate de nos divisions intestines, de la guerre étrangère ; le sillon du laboureur ne produisait plus, les bras et le courage manquaient à l'agriculture.

Le Père Antoine en fut profondément contristé. Il rapportait d'Angleterre une véritable artillerie d'instruments : c'étaient les armes du soldat-laboureur ; il s'efforça de les répandre après les avoir multipliés. Il avait aussi ramené avec lui une colonie d'habiles ouvriers monastiques, d'anglais, qui, formés dans la patrie aux arts métallurgiques, aux professions industrielles, convenaient merveilleusement à ce travail. Quatre soufflets activant la flamme des forges de l'atelier, fabriquaient des herses mieux conditionnées, et plus utiles, des charrues écossaises, des tombereaux, des moulins et mille choses encore, qu'on se hâtait d'acheter au monastère.

On avait aussi monté, pour les besoins du couvent, une petite brasserie anglaise, une fabrique de draps et une modeste tannerie ; tous ces ateliers marchaient avec une incroyable activité ; Meilleraie rappelait alors le clairveau des anciens jours. Au milieu du morne silence de cette demeure sainte, comme au temps de saint Bernard, on entendait le bruit de lourds marteaux qui faisaient gémir les enclumes. Ces enfants du désert n'épargnaient ni leur temps ni leur peine ; mais la concurrence est jalouse, aussi l'orage amoncelé sur ces ateliers n'attendait pour éclater que le vent des tempêtes. A la révolution de 1830, le frein qui retenait encore ces passions ennemies était brisé ; elles firent irruption jusqu'au milieu de cet humble ermitage. On suscita contre elle la force et la puissance, et le 31 août 1831, le préfet de la Loire-Inférieure prenait un arrêté qui supprimait la communauté religieuse d'hommes établis à Meilleraie ; l'ère des persécutions fermée depuis quelques années seulement, s'ouvrait encore pour ces moines. On prétendait que cette maison, donnée par la munificence du roi Louis XVIII, était une propriété de l'Etat, et qu'elle devait lui revenir.

Le Père Antoine en appela de l'autorité à l'autorité mieux renseignée. Louis XVIII n'avait rien donné que sa frégate de transport, le Père Antoine avait acheté cette terre de ses propres deniers, il avait payé le fisc pour les droits de mutation, et il tenait en main un acte du contrat de vente bien et dûment enregistré ; il vivait sous la charte comme citoyen français : ses droits étaient protégés par elle. Il demeura donc ; cette noble fierté rappelait saint Paul, s'écriant en face de la persécution : Je suis citoyen romain.

Mais les ennemis du couvent retournèrent leurs armes, et obtinrent, en faisant chasser les étrangers qu'ils renfermait, la dissolution de ses ateliers. L'envie était satisfaite, la paix revint, le calme se fit, et les solitaires du désert purent une fois encore reprendre leurs pratiques de pénitence.

Il ne reste plus, de toutes ces maisons de travail, qu'une petite filature qui est encore mise en mouvement par l'eau de l'étang. Voyez l'intelligence de ces moines, ils sont loin des rivières et des fleuves, et ils n'ont qu'une nappe d'eau ; mais ils savent l'utiliser : ce cours d'eau anime un moulin à bluter, vient donner la vie à un appareil pour battre les gerbes de blé, puis le voilà qui met en action de nombreux métiers qui cardent, filent et tissent la laine dont se vêtissent les moines du couvent.

Le soleil commençait à tomber, l'atmosphère brûlante reprenait un peu de fraîcheur ; le religieux qui me guidait me proposa de sortir des murs de l'enclos, et de faire une excursion rapide dans les fermes du monastère. Un vaste portail qui garde les servitudes s'ouvrit, et nous nous trouvâmes au milieu de magnifiques pépinières, d'arbres fruitiers, et d'un vaste jardin entouré d'une haie vive, et dont la végétation et la culture n'étaient pas moins belles que celles des jardins de l'enclos.

Ce fut en 1826 qu'expirèrent les baux qui avaient été consentis aux fermiers des terres de l'abbaye. Lorsqu'ils sortirent de ces fermes qu'on leur avait abandonnées à bien petits derniers, les moines trouvèrent tout à faire. Ces colons, qui savaient le sort qui les attendait, avaient laissé la souffrance partout. Le Père Antoine apporta à cultiver ces dépendances du monastère, le soin et l'activité qu'il avait mises à fertiliser les terres de la clôture. Il épierra les champs, dessécha les étangs par de larges fossés, fit du drainage, ouvrit des chemins qu'il rendit solides et pratiquables : emprisonna ses champs dans des haies d'aubépines étroitement serrées, et taillées en élégantes pallissades ; des barrières anglaises, se refermant sur elles-mêmes, étaient pour la garde des terres du monastère une sécurité complète.

4

Au lieu de prendre des sentiers battus et de faire de l'agriculture routinière, le Père Antoine fit des études sérieuses et approfondies. Il chercha dans l'expérience le chemin qui mène au progrès, et après bien des mécomptes, bien des tentatives infructueuses, dont se moquait la jalousie inquiète ou l'ignorance ; il triompha de toutes les difficultés, le succès couronna pleinement sa persévérance et ses efforts. Les terres de Meilleraie donnèrent sans répit de magnifiques produits ; car au lieu de laisser reposer ces sillons rendus riches de végétation, au lieu de mettre en jachères, ces champs qui sont toute la fortune de l'agriculture ; il leur demandait sans cesse, mais il se gardait bien de les fatiguer par les mêmes plantes, il les variait et savait à ne plus s'y tromper, celles qui devaient prendre leur rang d'ordre ; il avait étudié leur mœurs, savait leurs conditions d'existence, et avec cette science mise en pratique, les terres du monastère étaient promptement devenues, au grand ébahissement de la foule, une véritable terre promise.

Aussi, les agriculteurs, les fermiers des contrées les plus éloignées, les membres des comices agricoles, dont le nombre croissait avec le goût de la culture des champs qui se développait activement en France, venaient à Meilleraie consulter le Père Antoine, son ermitage était devenu comme la grande école où l'on allait s'instruire, et prendre les leçons de l'expérience. Il recevait tous ses visiteurs, avec ce goût exquis, ses manières distinguées, cette suave affabilité, qu'il avait pris dans la famille et qui semblaient au monastère plus belles et plus élevées.

Il les conduisait dans toutes les dépendances de son couvent, leur expliquait ses travaux, leur disait ses succès, les associait à toutes ses espérances et ne leur cachait rien de ses méthodes. Il leur montrait comment en moins de deux années, par des récoltes successives d'avoine, de trèfle et de ray-grass, on faisait produire à un champ sa valeur vénale.

Les terres que nous parcourions, mon guide et moi, étaient resplendissantes de beauté ; des épis bien nourris, nombreux et serrés élevaient leurs têtes chargées des plus belles espérances. Des prairies mûres pour la récolte embaumaient l'air de leurs parfums, et déjà dans le vallon, nous apercevions une légion de moines qui, sous leurs lourds vêtements de laine, à l'ardeur du soleil, remuaient cette herbe abattue par la faux. La luzerne et le trèfle, les choux et les rutabagas étalaient leurs richesses des étables.

Ailleurs c'était le lin qui couvrait la terre et promettait à la chapelle du couvent ces tissus fins et soyeux qui ornaient jadis les autels du temple de Salomon.

Ces trappistes, que je voyais partout au travail des champs me rappelaient les beaux jours de l'ère romaine, il me semblait voir ces fiers soldats, les conquérants du monde pendant cinq siècles d'immortelle grandeur, penchés sur leur charrue et labourant la terre. Si comme Cincinnatus, les enfants du désert, ces fils de la pénitence n'avaient pas de lauriers à attacher à l'instrument des champs, ils avaient cependant au front le signe de la victoire, la plus difficile, qui échappe aux conquérants de la terre, celle de se vaincre soi-même.

Le Prieur interrompit notre visite, pour me proposer de rentrer à l'hôtellerie, c'était l'heure du souper. Le Père hôtellier nous attendait ; par ses soins et ses délicates attentions, une table proprement servie était couverte de pyramides de fruits, de crèmes appétissantes de blancheur, et qui me rappelaient la délicieuse grotte laitière du couvent; de fromages qui provenaient aussi des étables, et enfin de légumes du jardin, les plus beaux et les plus savoureux sans doute ; car les moines de Meilleraie, ne demandent pas la dîme, ils l'offrent à leurs hôtes, aux étrangers qui viennent prendre gîte à l'ermitage. Cette table était ce qu'au temps de saint Benoît on appelait la mense, elle devait être constamment dressée, car l'hospitalité est de précepte monastique; comme les patriarches d'autrefois, le Père hôtellier nous servit lui-même, le Prieur était rentré dans les cloîtres.

Ce réfectoire est placé entre le salon de l'hôtellerie, celui où j'avais eu les honneurs de la réception, et la cellule que j'occupais, sous le patronage de saint Jean-Baptiste. C'est une pièce formant un carré oblong, sans luxe, ornée des peintures du Frère Bonaventure, de tableaux religieux et d'un buffet, sur lequel était rangée la vaisselle que venait prendre un Frère convers, aux ordre du Père hôtellier.

Nous étions trois hôtes, assis à cette même table, un jeune prêtre de je ne sais plus quel département du Midi, et un vieillard, vieux serviteur des moines, qui prenait chez eux ses invalides, sa retraite. Nous nous rencontrions pour la première fois dans ce tête à tête de l'hospitalité monastique, et nous ne nous étions sans doute jamais vus; mais le Père qui nous servait, su jeter entre ces mets une conversation d'une si franche et si naïve gaîté, d'une si cordiale expansion qu'il fut comme le lien qui nous serra les uns aux autres : le temps se serait vite chargé de cimenter cette union, si j'avais dû rester au monastère.

Ce jour-là on ne nous fit pas de lecture spirituelle ; d'ordinaire pendant le repas, on lit la vie d'un saint, ou la relation d'un voyage pieux, ou les annales de missionnaires en pays barbares cherchant la palme du martyre ; mais toutes les fois qu'il y a moins de quatre convives à table, comme il est facile au Père hôtellier de diriger la conversation, de l'animer de pensées religieuses, il est d'usage de suspendre cette lecture.

Après ce champêtre repas qui vaut bien, par sa cordialité et la fraîcheur de ses fruits, ceux qu'offrent le monde et ses plaisirs ; le Père hôtellier qui avait su répondre avec une grâce parfaite à toutes nos questions, s'approcha de moi et me dit : « le Père prieur ne reviendra pas, le couvent le réclame pour le reste de la soirée, il m'a chargé de vous en témoigner ses regrets et de le remplacer près de vous. En ce moment on fait aux cloîtres la *cérémonie du Mandatum* ou lavement des pieds, si vous voulez y assister, je vais vous y conduire. » Nous descendîmes ensemble l'escalier d'honneur, et ouvrant la grande porte que nous avons déjà remarquée au bas de la rampe, nous nous trouvâmes tout-à-coup au milieu des moines réunis.

C'était un spectacle ravissant : le Père abbé était dans sa stalle, sorte de petite chaire appliquée contre les murs du cloître ; de chaque côté sur des siéges de bois, étaient assis les moines prenant place après le Prieur, par rang d'ancienneté, car c'est le seul titre qu'au monastère on invoque.

4*

Vis-à-vis le Père abbé était le lecteur, et de chaque côté les novices de chœur, les novices convers, puis enfin les Frères donnés, c'est-à-dire, ces trappistes qui, sous l'habit séculier qu'ils conservent, se donnent au monastère, sans se lier jamais par des vœux : ce sont généralement des pauvres, des hommes qui, malheureux dans le monde, ne sentent point au fond de leur âme la vocation monastique et que la charité du couvent admet sous ses cloîtres au partage de la vie commune.

Un religieux d'une voix grave et solennelle lisait un chapitre de l'Évangile, dont chaque mot était entendu dans le plus morne silence, on eut dit que tous les moines écoutaient Jésus-Christ lui-même, tant ils étaient recueillis.

Un vase plein d'eau tiède était au milieu des cloîtres ; deux jeunes hommes se tenaient à côté, ceints d'une serviette, et tenant à la main plusieurs pièces de linge. Bientôt la lecture finie, les chants commencèrent. Les deux moines qui étaient debout prirent le vase d'eau, le portèrent devant le Père abbé et, s'inclinant profondément, lui lavèrent les pieds ; les ayant humblement baisés, ils se levèrent et, saluant de nouveau, ils allèrent à chaque moine faire la même cérémonie.

Les Frères novices et les Frères convers furent seuls exceptés de cet usage monastique. Ils ne reçoivent ce service que du Père abbé, une fois l'année, le Jeudi-Saint seulement.

Les cantiques sacrés qui remplissaient ces voûtes, célébraient les merveilles de cette charité sainte, de cette fraternité que Dieu a apportées sur la terre et qu'il a données à ses disciples comme son précepte chéri. Rien n'était émouvant comme ces accents inspirés, comme la voix de ces hommes qui s'excitaient à l'union en Dieu, au bonheur de s'aimer en frère.

Cet usage, qui n'existe plus guère que chez les moines, était en grande vénération chez les chrétiens des premiers siècles de l'église. Au rapport d'Origène, le lavement des pieds était une coutume usitée jusque chez les pauvres. Les rois qu'ils s'appellent Robert ou saint Louis, les reines comme Blanche, comme Elisabeth de Hongrie, ouvraient leurs palais aux enfants de la misère, leur lavaient les pieds, et les faisaient asseoir à leurs tables, où ils les servaient eux-mêmes de leurs royales mains. Au temps de saint Bernard, les moines ne recevaient pas un étranger sans se jeter immédiatement à ses genoux et lui laver les pieds, c'était le premier devoir de l'hospitalité.

C'est cette fraternité qui était inconnue de l'antiquité païenne, que les utopistes de notre époque ont trouvée si belle, qu'ils l'ont inscrite en tête de leur devise, à la première page de leur réforme, de leurs rêves politiques, comme si seule elle pouvait des miracles. Mais que peut la lettre sans l'esprit? Que fait la théorie sans la pratique? Demandez-le à ces songeurs qui ont semé dans l'ambition, et qui ont vu mourir leurs folles espérances au milieu des ronces et des épines. Demandez-le à ces phalanstères, à ces couvents inventés par la philosophie moderne; cherchez ce qu'ils ont fait, ce qu'ils sont devenus sur ces rives lointaines. De ces horizons, du milieu de ces misères dont nous sommes les témoins, la fraternité du cloître est sublime, elle demeure et fait des prodiges depuis plus de douze cents ans !

En sortant du *mandatum*, le Père hôtellier me conduisit à la chapelle. Nous traversâmes les cloîtres en longeant une cour qui est au centre, et qui présente, élevée sur un socle, une fort belle statue de Marie. J'avais pensé que c'était là qu'autrefois les moines de Meilleraie enterraient leurs morts, s'excitant à la prière et à la pénitence par la vue continuelle de ces tombes, mais le roc que cache un peu de terre végétale détruit ces suppositions ; cette cour est plantée de fleurs, qui donnent à cet intérieur monastique un air de fête et de gaîté religieuse.

La chapelle est un vaste vaisseau formant la croix latine, dont une partie est du XIIe siècle ; c'est une pieuse relique architecturale qu'on ne peut voir sans émotion. Elle nous vient des fondateurs mêmes de l'abbaye, et fut, nous l'avons déjà dit, bénie le 7 août 1183. C'est l'abside qui garde ce précieux souvenir. Nous ignorons ce qu'était cette église lorsque les moines de Pontron l'édifièrent ; elle était sans doute fort étroite, les moines devenant plus nombreux on dut l'agrandir, ne conservant que le chœur ; ce fut au XVe siècle que ce fit probablement cette reconstruction, car c'est le style de cette époque que nous retrouvons dans le reste de la chapelle. Son cachet est imprimé dans le pignon de la façade, la forme de ses ouvertures et le chevet plat de l'église. A la rentrée des proscrits, ce temple monastique subit de nombreuses améliorations, on répara son toit en lui conservant son caractère antique, on construisit une sacristie qui s'ouvre dans un des côtés du transept.

Cette chapelle est divisée en deux parties, par une cloison qui s'élève à deux mètres environ au-dessus du sol. Derrière ce mur, qui rappelle les temples de l'ancienne loi, est le sanctuaire réservé aux étrangers, et n'a de communication qu'avec l'extérieur du monastère. Trois autels le décorent. Au centre de la cloison intermédiaire est une porte qui est constamment close ; c'est par cette ouverture que les moines viennent dire la messe dans cette chapelle. Au-dessus est une tribune pour les pensionnaires de l'abbatiale, et les pélerins logés à l'hôtellerie. Les prêtres séculiers y trouvent un autel à leur usage exclusif. C'est là que m'ont amené les deux moines qui m'ont reçu selon le rite monastique. Au milieu des tableaux et des statues qui ornent cette chapelle, on m'a fait remarquer une statuette de saint Jean, près de laquelle les habitants du pays viennent prier pour obtenir la guérison vermineuse de leurs enfants.

En avant de la cloison est l'église proprement dite de l'ermitage, d'abord est le chœur des moines. Chaque Père a sa stalle, et devant lui un pupitre qui soutient un énorme *in-folio*, c'est le bréviaire du Trappiste, son livre d'office. A la partie antérieure de ces stalles, est un siége pour les novices ; et comme ils n'ont pas de pupitre, n'ayant pas de prie-dieu, ils ont un lutrin au centre du chœur, où ils vont chanter ensemble les exercices religieux.

Lorsque l'office se dit à l'autel, la stalle occupée par le Père abbé, est celle de droite qui se trouve la plus rapprochée du sanctuaire ; elle n'a pour la distinguer que la crosse de bois qui y demeure attachée ; dans les autres exercices, il va se placer à la première stalle de droite au fond du chœur. Le prieur est vis-à-vis, et les autres moines prennent siéges à la suite, toujours par rang d'ancienneté.

Les Frères convers et les Frères donnés, n'assistent à tous ces exercices que le dimanche; sur la semaine, ils se rendent au travail après la messe du point du jour. Comme ils ne chantent que quelques passages du bréviaire qu'ils savent de mémoire, ils n'ont point de grands livres; ils sont assis sur des bancs de bois, à gauche, dans un des côtés de la croix latine que forme la chapelle.

Les autels sont à peu près disposés comme dans toutes les églises du culte catholique; mais c'est le maitre-autel qui attira surtout mon attention. A sa vue, tous mes souvenirs, tout ce que j'avais appris, me revenait à la mémoire; il me semblait voir ce vieux chêne vingt fois séculaire, aux flancs ouverts par l'âge qui avait abrité et nourri les Pères de ce couvent, soutenant sur son vieux tronc cette autel qui demeure depuis sept cents ans. Je croyais voir encore saint Bernard, la gloire et la lumière du XIIe siècle, montant ces marches sacrées, que tant de moines depuis ont foulés en bénissant son nom.

Cet autel est tout entier de bois vernis, il nous a semblé d'un travail simple, mais fort curieux, appliqué presque contre le mur; il ne reste qu'un espace fort étroit pour le passage des moines qui servent à la messe.

Le Père hôtellier me conduisit à la sacristie; sur je ne sais plus quel meuble d'église il me fit voir son modeste lit; c'est là qu'il passe la nuit pour veiller à la garde de la chapelle. On étala ensuite devant moi les richesses du couvent, qui n'ont guère de remarquable, que leur excessive simplicité; j'avais un grand désir de voir le manteau du pape Pie VI, dont on a fait présent au monastère de Meilleraie, je croyais qu'on avait précieusement conservé cette sainte relique, dans son entier, on l'a converti en un ornement sacerdotal, pour les grandes fêtes; pouvait-on, me dit le Père hôtellier, lui faire plus d'honneur, qu'à l'employer au service des autels? Les autres ornements sont l'œuvre de nobles et pieuses châtelaines, de saintes filles, qui au temps de la misère des Trappistes les ont elles-mêmes confectionnés; j'en remarquai un surtout qui venait de la générosité de la duchesse de Berry. C'est le lieu « ainsi que l'a dit un auteur célèbre de notre temps, où les prêtres sont d'or, et les vases sacrés de bois et d'argile. »

Bientôt j'entendis un grand mouvement se faire; le Père hôtellier me dit : ce sont mes frères qui viennent à la chapelle chanter l'hymne de Marie, le *Salve Regina*. Nous rentrâmes dans l'église, déjà tous les moines de la communauté étaient debout entre les stalles; sur deux longues files. Tout était rentré dans le silence, je n'entendais pas le moindre bruit; lorsque tout-à-coup cent voix entonnèrent à pleine poitrine le cantique sacré.

C'est là un spectacle qui vous remue jusqu'au fond de l'âme, qui saisit tout votre être, semble le soulever de terre et lui donner les joies de l'extase. La prière ne m'a jamais paru plus belle; tous ces enfants du désert semblaient au milieu des cieux ouverts entrevoir Marie, leur protectrice, leur mère bénie; il n'était pas jusqu'à ces timbres fêlés par l'âge qui ne produisaient un effet ravissant. Nos plus grands maîtres n'ont rien inventé qui égale le chant de cet hymne de l'invocation. C'est qu'il y a là plus que des sons mélodieux, il y a un sentiment chrétien qui anime, qui échauffe ces voix et leur donne l'inspiration du ciel.

Le *Salve Regina* terminé, tout rentra dans le silence sous ces voûtes saintes ; chaque Trappiste passant, comme une ombre, devant la stalle du Père abbé, allait y recevoir la bénédiction du chef de famille, l'eau sainte que le prêtre répandait sur leurs têtes, pendant qu'intérieurement ils récitaient le *De Profundis*, la prière des morts ; car ces moines allaient s'ensevelir dans le sommeil ; il était sept heures du soir, le soleil se couchait à l'horizon, derrière les grands arbres de la forêt, projetant de longues gerbes de feu qui, à travers les pieds de ces chênes séculaires, arrivaient jusqu'aux fenêtres de la chapelle du monastère, qu'elles illuminaient de leurs derniers rayons. C'était un beau soir d'une journée de prière et de travail.

Je regagnais ma cellule reconduit par le Père hôtellier qui, s'inclinant respectueusement, s'éloigna sans bruit, comme l'ange de l'hospitalité ; il me laissait au repos de son toit monastique.

Livré aux émotions de mon pélerinage à la Trappe, je ne pouvais trouver le sommeil que m'avait si grâcieusement souhaité mon hôte religieux ; mes paupières ne pouvaient s'appesantir, surexcitées qu'elles étaient par le souvenir. J'ouvris ma fenêtre, et de ce petit donjon, je me mis à rêver, les yeux tout éveillés, la tête appuyée sur mes deux mains.

Le monastère s'enveloppait mystérieusement des ombres de la nuit, déjà tout dormait au couvent, pas le moindre bruit ; la brise semblait retenir son souffle de peur de troubler ces enfants de la pénitence, ces fils de Dieu ; je n'apercevais, dans la grande cour de l'enclos, que deux énormes chiens de Terre-Neuve, qui se promenaient avec une certaine conscience de leur force et de leur autorité : c'étaient les sentinelles du monastère ; puis au milieu de ce silence, de lugubres oiseaux de nuit faisaient entendre parfois leurs cris de ruines et de mort.

Que de réflexions assiégeaient ma tête en ce moment ! L'ermitage tout à l'heure si vivant était devenu sans mouvement : ma pensée se reportait aux jours de l'exil, et je retrouvais le monastère dans la solitude qui avait si longtemps attristé ses cloîtres : c'était le temps de la persécution, c'était Dieu qu'on avait chassé de cet asile de la prière. Il me semblait voir errer encore au milieu de ces murs désolés le spectre hideux de la terreur, qui souriait à ces ruines, et dont le souffle de mort avait desséché jusqu'à l'herbe des champs.

Cependant ce morne silence n'était que l'image du passé, cette solitude cachait la vie : cent moines dormaient en paix, reparant du travail et de la pénitence, les longues et pénibles heures ; c'était au couvent le temps qu'on accorde au sommeil, cette indispensable condition de notre existence.

Sous le roi Charlemagne, une vieille école qui a conservé une grande réputation de savoir médical, et dont les conseils étaient pris pour des oracles, ordonnait sept heures de sommeil ; elle jetait l'anathème à qui dépassait ce terme. Saint Benoît, bien longtemps avant l'école de Salerne, avait inscrit cette prescription dans son code monastique ; les moines la suivent à la lettre.

En hiver ils se couchent à sept heures et se lèvent à deux heures du matin. De Pâques aux ides de septembre, ils vont se reposer à huit heures, mais le temps perdu se trouve réparé au milieu du jour, car la sieste est d'usage au couvent.

Cette règle du monastère a soulevé bien des oppositions, et pourtant où dort-on davantage ? L'ouvrier de l'industrie ne se repose jamais avant dix heures, et dès cinq heures du matin il a retrouvé son atelier où le travail l'appelle. L'homme des champs dort bien moins encore ; après avoir quitté sa charrue, ses étables le réclament : souvent minuit approche quand il va se donner au sommeil ; et dès que le jour commence à poindre, il retourne à ses bœufs et à son sillon. L'homme de lettres, le négociant, comme les ministres et les rois eux-mêmes, ne prennent guère plus de repos.

Au monastère tout doit porter le cachet de la pénitence, même les choses de la vie ; aussi la règle a laissé le nombre, mais elle a interverti les heures : c'est là qu'est la peine.

Il y avait déjà longtemps que je reposais dans mon alcôve monastique, lorsque la cloche de matines vint m'arracher au sommeil : il était une heure du matin, c'était le lever des moines ; le dimanche il avance un peu pour se plier à la longueur des offices.

Je me hâtai de me rendre à la chapelle pour y attendre l'arrivée des religieux. Je me crus tout à coup reporté aux premiers temps de l'ère chrétienne. Le spectacle que j'avais sous les yeux, me retraçait celui des catacombes aux jours des persécutions.

Ces solitaires, sur une longue file, descendaient silencieusement de leurs cellules ; je n'entendais que le bruit de leurs robes qui glissaient sur le pavé du temple, et le balancier d'une horloge, dont chaque mouvement dans l'air était comme un pas fait vers l'éternité. Une lampe, suspendue aux voûtes du temple, jetait une pâle lueur sur ces murs de la prière. Il me semblait voir en ce moment ces néophites, ces premiers chrétiens qui venaient, dans les ombres de la nuit, cacher à l'œil des méchants les mystères de Dieu, les inspirations de la religion. C'est une des plus belles scènes dont ma mémoire ait gardé le souvenir. Ces hymnes sacrées, qui remplissaient les voûtes de leurs chants inspirés, ces ermites qui jetaient vers le ciel les premières aspirations de leurs cœurs, pendant qu'autour d'eux tout reposait dans le sommeil, avaient je ne sais quelle teinte de mystère et de piété antique, qui souriait à mon imagination de chrétien.

A cinq heures l'office de primes venait de finir ; le prêtre, au milieu des moines à genoux, montait à l'autel pour y commencer la messe du point du jour. Au moment de la communion, le tableau devint saisissant de beauté, rien n'en saurait rendre l'effet. Ce ciboire, ouvert sur l'autel, rappelait cette ruche de miel qui sauva de la faim, de la mort peut-être, ces deux moines, fondateurs du monastère. C'est au même lieu que, depuis huit cents ans, coule cette manne sacrée qui donne la vie à des milliers de solitaires qui, dans cette vallée de la pénitence, font le pélerinage de la terre.

Tous les moines de l'abbaye sont au milieu de la nef de la chapelle, dans le recueillement le plus absolu. Avant de monter les marches de l'autel et d'aller s'y agenouiller, ils se jettent dans les bras les uns des autres, et se donnent l'accolade fraternelle. Je n'étais plus le maître de mes émotions : ma mémoire me rappelait ces nobles athlètes de la foi chrétienne, ces soldats du Christ, qui s'embrassaient avec effusion, s'excitant au courage, et sortaient des catacombes pour aller tendre leurs têtes à la hache des bourreaux, et couronner leurs fronts des palmes du martyre.

La messe finie, tous les religieux se rendent au chapitre. C'est à ce seuil que s'arrête l'étranger. Personne que les moines n'a le droit de pénétrer dans ce sanctuaire monastique, qui est comme le foyer de famille, où le père vient familièrement s'entretenir avec ses enfants, leur expliquer la règle de saint Benoît, leur donner ses conseils, leur adresser ses instructions, et distribuer les services du jour, l'emploi du temps.

Ce chapitre se nomme aussi le chapitre des *coulpes*, de *culpa*, faute, parce que c'est à cette réunion que l'on vient s'accuser de toutes celles commises contre la règle, et recevoir du président la peine de l'expiation.

On y fait ce qu'on appelle la *proclamation :* c'est-à-dire que les religieux proclament publiquement les fautes dont leurs frères se sont rendus coupables, et dont ils ont oublié de s'accuser.

Cette pratique est celle que le monde a le plus flétri, parce qu'il l'a moins comprise. Que cherche-t-on au monastère? La perfection dans la rigoureuse observance de la règle. Voilà le but du Trappiste, voilà où tendent tous ses efforts. C'est servir ses intérêts et comprendre ses intentions que de l'aider à atteindre cette perfection. Praxitèle embrassa un jour, avec la plus cordiale reconnaissance, un cordonnier qui, en passant près d'une statue qu'il avait exposée, lui jeta une critique amère; le sculpteur courut à son ciseau, et refit le pied qui manquait de forme et de naturel.

Mais l'armée n'a-t-elle pas aussi sa proclamation? le matin à la revue du colonel, dans chaque régiment, toutes les fautes commises contre la discipline sont proclamées par des amis, par des camarades, à peine gradés, et le châtiment est immédiatement appliqué. Sans cette sévérité, il n'est point de corporation possible, il n'est point d'armée qui puisse vivre.

On appelle cette réunion monastique, le chapitre, du mot latin *caput,* parce qu'elle se tenait autrefois en tête de l'église derrière l'autel. Au couvent de Meilleraie, la pièce qui lui est spécialement affectée, est garnie de siéges de bois pour les Trappistes, et d'un petit trône appliqué contre la muraille, pour le président de l'assemblée, qui est tantôt le Père abbé, tantôt le Prieur, chacun son jour.

En sortant du chapitre des coulpes, les moines se rendent au travail; mais nous étions au dimanche, ce jour, au monastère, est rigoureusement gardé, le service de Dieu fait toute l'occupation de cette sainte maison. Les heures qui ne sont point employées à l'office du chœur, aux exercices de la règle, se passent à lire, assis dans les cloîtres sur de modestes bancs de chêne ou à prier à la chapelle; quelques-uns vont s'agenouiller au cimetière, s'exciter à l'espérance, en répétant avec les Machabées : *Moriamur in simplicitate nostrâ.* Au monastère, il n'y a jamais récréation, ni temps perdu.

A neuf heures, après le chant de tierce, commença la grand'messe, qu'on appelle la messe conventuelle; le Père abbé officiait pontificalement, c'était fête chez les chrétiens, on célébrait la Pentecôte.

Le prélat monastique n'avait à l'autel que les assistants indispensables à la cérémonie, point de mître en tête, point de somptueux habits ; pour trône pontifical, une humble stalle sans draperie, sans ornement, sans aise. Ce prince de l'Eglise se distinguait seulement à sa petite croix de bois, grossièrement ouvragée, dont l'intérieur renfermait les reliques de saints, et qui était suspendue sur sa poitrine à un cordon de laine violette. Il avait au doigt l'anneau pastoral qui était d'argent doré ; dans le chaton brillait un diamant qui n'avait que les apparences du luxe et de la richesse, il était modeste comme tous les insignes de son humble grandeur.

Un jeune novice tenait élevé devant l'autel sa crosse abbatiale, qui est de bois, c'est une œuvre remarquable, de sculpture intelligente ; j'ai cru voir une statuette sorte de caryatide religieuse, qui attestait la patience et le savoir de son auteur ; ce bâton pastoral qui est l'offre généreuse d'un prêtre voisin de l'abbaye, vient sans doute de quelque riche monastère des temps passés.

A la fin de la messe on lui présenta l'eau comme aux évèques diocésains, puis il donna la bénédiction pastorale à ses enfants qui, prosternés sur les dalles du temple avaient le front dans la poussière.

Onze heures et demie sonnaient à la vieille horloge du monastère ; c'était l'heure du premier repas de la journée. Tous les moines s'acheminaient lentement vers le réfectoire. Je viens vous chercher, me dit le Prieur attentif à prévenir mes désirs ; notre révérend Père, à sa table vous invite.

On me conduisit dans une grande salle où les moines se tenaient debout devant de longues tables, chaque place était marquée de la même manière sans distinction aucune; une cuiller, une fourchette de bois, un couteau, un vase de terre pour timbale, et par-dessus tout cela une serviette artistement pliée qui supportait un petit écriteau de bois sur lequel était le nom du Trappiste.

Le dîner se composait d'un potage de légumes cuits à l'eau ; c'était ce jour-là, des poreaux mêlés de lentilles, il était servi dans une vaste assiette d'étain. Dans un autre vase de même métal était du lait, c'était un met de faveur ; il n'est d'usage chez les moines que de Pâques à septembre. Une sorte d'amphore en terre remplie de je ne sais quelle liqueur fermentée, avec de l'eau et quelques onces de pain achevaient le service de ces tables monastiques.

Le Père abbé était à sa table, qui se trouvait en tête de cette pièce, au-dessous d'un Christ dont la couleur d'ébène se détachait sur la blancheur de la muraille. Il n'y avait, pour distinguer cette place, qu'une sonnette d'airain. A ses côtés, mais à une distance respectueuse, était à droite, le Prieur et à gauche le Sous-Prieur.

Tous les moines se courbèrent profondément le corps, sur un signe du Père abbé, et aussitôt commença la prière en usage chez les Bernardins. Après cette invocation, chaque religieux prit place sur son siége, mais sans empressement avec le calme le plus parfait, et cependant ces hommes levés depuis une heure du matin n'avaient encore rien pris.

Dans l'embrâsure d'une fenêtre était une chaire, un Frère de chœur y lisait sur un ton clair et parfaitement sonore, un sermon écrit pour le jour de la Pentecôte. Les Trappistes écoutaient immobiles et silencieux ; avant de prendre la nourriture du corps ils prennent celle de l'âme. C'était le droit de préséance, c'était le titre de noblesse qui se marquait dans cet acte où les sens, où la matière semblent parler en souverains. Tous les moines abaissant leurs capuchons se mirent, après quelques minutes d'attente, à prendre leur frugal repas, qui dura quarante minutes environ, et qui n'était interrompu que par la sonnette du révérend Père qui de temps en temps rappelait ces moines à la pensée de Dieu.

C'est ordinairement au réfectoire que s'accomplissent les pénitences qui, le matin ont été prononcées au chapitre des coulpes. De jeunes novices, des Pères vieillis par l'âge, des hommes qui, dans le monde ont occupé les premières positions sociales, viennent comme de petits enfants au collége, s'agenouiller devant la table du Père abbé, tenant dans leurs mains les pièces du délit, des fautes commises, aussi l'un d'eux portait un vase brisé, un autre un vêtement taché.

D'autres étaient étendus à la porte du réfectoire, j'en ai vu qui mangeaient leur soupe sur la dalle de la salle. Un Frère convers allait quèter son diner tendant son écuelle de plomb à ses Frères qui lui faisaient chacun l'aumône d'un peu de leur nécessaire : c'était la charité pratiquée jusque dans la pauvreté la plus absolue.

Si la vie était faite pour les plaisirs sensuels, si la satisfaction que nous trouvons dans l'usage de nos sens devait être pris pour la fin que nous devons nous proposer ; au lieu d'être regardé comme le moyen que le Créateur a mis en nous pour atteindre son but ; il faudrait voir dans ces tables monastiques une folie religieuse, qu'il serait de notre devoir de condamner et de flétrir.

Mais l'antiquité avait entrevu que le cœur et l'esprit perdent, quand on donne trop au corps. Mangez pour vivre et ne vivez pas, pour manger, disait Sénèque, à son indigne élève, l'empereur Néron. Aristote, dans son livre de la république dit : « Lycurgue voulant faire de Sparte un peuple de sages et de héros, fit le repas aussi frugal que possible, et il attachait à cette frugalité une si grande importance qu'il ordonna que tous les Spartiates mangeraient ensemble, le même met. »

Plutarque qui préconisait ces lois, comme l'unique moyen de dégager l'esprit, et de marcher à la gloire ajoute : « chaque citoyen apportait par mois un boisseau de farine, huit mesures de vin, cinq livres de fromage, deux livres et demie de figues et quelques pièces de monnaie pour l'assaisonnement des mets. »

Xénophon dit même qu'on accoutumait de bonne heure les enfants à n'être point difficiles pour le manger, à marcher nu-pieds pour se faire à la fatigue, à coucher durement et à porter les mêmes habits, en hiver et en été pour s'endurcir contre le froid et le chaud.

Ne croit-on pas lire un chapitre de la règle de saint Benoît? Ces tables de Sparte n'étaient-elles donc pas celles que nous avons vues à Meilleraie. Mais les unes avaient le monde et sa gloire pour espérance, celles du monastère n'aspirent qu'au ciel. Les lois de Lycurgue ont à peine vécu quelques siècles, celles de saint Benoît existent depuis treize cents ans, c'est que Dieu est là.

L'esprit et le corps sont étroitement unis par des liens qui échappent à notre investigation comme à notre raison ; ni le scalpel de l'anatomiste, ni la science du philosophe, n'ont rien pu pénétrer, c'est un secret caché à l'œil des humains ; mais il est d'appréciation évidente que la matière absorbe la vie de l'esprit et l'abâtardit ; donnez au corps tous les plaisirs de la table ; noyez-le dans le sensualisme, vous tuez l'intelligence, vous abrutissez la pensée, vous n'avez plus dans le cœur ni noblesse ni élévation. Les mollesses de Capoue ont perdu Rome.

C'est ce que Lycurgue savait, c'est là qu'est tout le secret de la vie monastique : tenir par le travail et la tempérance le corps dans la continuelle dépendance de l'âme, comme disent les chrétiens, afin que, dégagée des sens, elle puisse jouir de toute la plénitude de son essence, et élever ses aspirations jusqu'à Dieu, à la hauteur de ses destinées, voilà ce que cherche l'ermite, voilà tout le testament de saint Benoît.

Maintenant le réfectoire qui, tout à l'heure, vous semblait si triste, ne vous paraît-il pas un véritable athené de tempérance religieuse ? Ces hommes qui fuient les plaisirs du corps, qui mangent pour vivre, comme disait Sénèque, ne sont-ils pas des natures d'élite, qui mettent l'esprit au-dessus de la matière, les joies de la pensée au-dessus des joies de la brute ? Accusez, si vous l'osez, vous qui n'avez ni leur courage, ni leur énergie de volonté, accusez de faiblesse ces hommes qui, nés avec le génie de la piété, comme d'autres naissent avec le génie de la science du monde : vont chercher à abriter leur candeur et leur innocence à l'ombre de ces cloîtres.

Flétrissez de vos dédains, si vous le voulez encore, ces enfants du siècle qui, après avoir bu à la coupe de tous les plaisirs que le monde donne, brisent résolument avec le passé, et viennent demander à la solitude et à la pénitence, le bonheur qu'ils n'ont pu trouver ailleurs. Une femme, dont l'esprit dangereux a marqué sa place dans la littérature française, Georges Sand, a écrit quelque part : la vie de l'esprit est sublime, mais elle est dure et difficile ; ce n'est pas une vaine précaution de mettre entre elle et les corruptions du monde des remparts de pierre et des grilles d'airain.

Les moines, après le dîner s'étaient rendus à la chapelle en psalmodiant le *Miserere*, ces magnifiques versets de la douleur et du repentir, rien n'était grave et solennel sous ces voûtes saintes, comme ces voix cadencées, comme ces accents monastiques.

Le Père hôtellier que je retrouvai près de moi, comme l'ange de l'hospitalité, pour guider mes pas, et satisfaire ma curiosité, me conduisit rapidement dans les dortoirs ; plus tard cette visite eut été impossible, les religieux allaient monter dans leurs cellules pour faire méridienne pendant une heure. Un jeune Frère déjà fermait les fenêtres, et préparait ces dortoirs au repos du jour. Ce sont de grandes salles garnies de cellules : sorte de grottes où chaque anachorète ne vient que pour y chercher le sommeil. Son lit est comme celui d'Henry IV enfant : une paillasse mince de quelques centimètres et piquée comme un matelas, un traversin de même nature : le tout est recouvert d'un simple drap, c'est là qu'il s'étend tout habillé sous une ou deux couvertures de laine.

Chaque cellule est pauvre, comme tout ce qui appartient au monastère, mais sa propreté est presque du luxe tant elle est recherchée. Toute chose est à sa place, c'est l'ordre dans la plus humble misère, comme le recommande saint Bernard.

Un écriteau de bois indique à la porte de ce lieu l'ermite *propriétaire* de cette grotte qui, pour toute clôture, a un énorme rideau de serge : l'air et le soleil pénètrent amplement au milieu de toutes ces cellules, dans ces longues salles du sommeil : aussi n'y respire-t-on aucune de ces odeurs nauséabondes, qui d'ordinaire sont le partage de toutes les agglomérations d'hommes.

Des piscines, des fontaines d'eau, chaque jour renouvelée, sont placées à l'extrémité de ces dortoirs, c'est là que les Trappistes, en se levant, viennent faire des ablutions : c'est là que les fils de saint Benoit, suivant le précepte de Moïse, donnent à leur corps l'eau qui entretient la vigueur et la santé.

Le Père hôtellier, malgré mes vives instances, voulut rester près de moi, je ne pus le décider à reposer ses forces épuisées, par la chaleur et les fatigues du jour ; il me conduisit à la bibliothèque de la communauté.

Un moine assis sur un escabeau de bois, lisait attentivement je ne sais quel livre qui reposait sur ses genoux. Son capuchon recouvrait sa tête, qui semblait toute absorbée par cette lecture ; près de lui était un petit bureau couvert de papier, d'une mappemonde, d'une carte géographique, où sans doute, la place de chaque famille monastique était ostensiblement marquée.

Ce n'était plus la bibliothèque des anciens jours, de ces savants et riches monastères d'autrefois ; quelques vieux bouquins, quelques *in-folio* poudreux échappés à la persécution, est tout ce qui reste aux moines de Meilleraie de ces trésors si péniblement amassés ; c'est dans les bibliothèques des villes, des grands centres de population qu'il faut aller retrouver tous ces ouvrages qui font aujourd'hui la fortune des savants.

Les moines s'en consolent aisément, car ils ont écrit au-dessus de la porte d'entrée : nous nous faisons gloire de ne savoir, que ce que Jésus-Christ, notre maître, nous enseigne. Aussi, les livres qui dominent dans ce petit temple, sont des livres de piété et d'histoires édifiantes ; la littérature et les hautes sciences y sont négligées, j'y ai cependant remarqué une relation de Paris, qui m'a semblé précieuse : des ouvrages liturgiques et peut-être aussi quelques vieux parchemins, quelques manuscrits, dont je n'ai pu à mon grand regret constater l'importance et le mérite.

Les Trappistes bien qu'ils soient les descendants directs des Bénédictins, de ces immortels savants, ne s'occupent en aucune façon des travaux d'esprit : leur vie est une vie de pénitence ; l'étude des sciences a des joies et des dangers qu'ils ont voulu éviter.

Sur le devant de la cheminée de cette bibliothèque j'ai encore observé les peintures de l'ex-gentlemen anglais, du frère Bonaventure ; cette fois, c'est le Purgatoire, ce lieu d'expiation et d'espérance qu'il a voulu représenter aux vanités de la science.

En sortant de la bibliothèque, je regagnai ma cellule toujours conduit par le père hôtelier qui comprit mes intentions et me laissa à mes apprêts de départ ; mon pèlerinage était terminé, j'allais prendre congé des moines et de l'abbaye.

Pendant que je disposais mes bagages, j'apercevais déjà dans la cour de l'enclos, le bon religieux, qui donnait des ordres, qui faisait atteler la petite voiture du couvent ; il voulait qu'on me conduisît jusqu'au premier relai du voisinage, jusqu'au village de Meilleraye. J'étais tout ému de voir ce vieillard qui me connaissait à peine, se faire mon humble valet, le serviteur le plus dévoué qu'on pût imaginer, prévoyant mes besoins, étudiant mes moindres désirs, avec une délicatesse d'attention que le monde ne connaît point. Les amis que Dieu donne et qui vous aiment en lui sont assurément les meilleurs : allez plutôt l'apprendre au monastère de Meilleraie.

Le père Prieur était venu me faire ses adieux, il m'apportait aussi les regrets qu'avait le père abbé de ne pouvoir me recevoir : le général de l'ordre en visite à l'abbaye occupait tous ses moments, il ne s'appartenait plus.

Ce révérend Père est le troisième abbé de Meilleraie. Le fondateur de l'abbaye, celui qui a jeté tant d'éclat de de science et de vertus sur le monastère : que le pape Léon XII a nommé à la charge éminente de visiteur général des Trappistes de France : dom Antoine Saulnier de Beauregard, qui avait été élu abbé de Lulworth en 1810, était mort presque subitement dans les premiers jours de l'année 1839.

Joseph Maulouin, en religion père Maxime, fut appelé à le remplacer comme abbé de Meilleraie. Cette année-là même, le jour de la Pentecôte, il fut sacré par les mains de l'évêque de Nantes, Mgr de Hercé. Au mois de décembre 1849, il partit de France pour aller visiter d'office, sur la terre d'Afrique, l'abbaye de Staouëli. Simple et modeste comme un moine, il voulut se démettre de sa charge, qu'il n'avait acceptée qu'à regret ; mais Pie IX qui savait combien ses religieux le regrettaient, et ce que valait le père Maxime, le décida à reprendre sa croix et son bâton pastoral.

Mais deux ans plus tard, le 8 octobre 1852, après une longue maladie, il fut enlevé à l'âge de cinquante-une années à l'affection, aux regrets de ses enfants et à la douleur de son cher ermitage.

Il avait fondé en 1848, l'abbaye de Gethsémani aux États-Unis d'Amérique ; une nombreuse colonie, près de soixante trappistes, le 28 octobre de cette année, partirent pour ces rivages du Nouveau-Monde. Singulier rapprochement ! les moines qui ont rétabli Meilleraie avaient été destinés au Canada : mais la Providence a marqué cette mission dans ses décrets immortels, et voilà, de Meilleraie une essaim de Trappistes qui s'envolent pour aller s'abattre dans ces nouveaux États d'Amérique, et accomplir la volonté immuable de Dieu.

Le successeur du père Maxime, l'abbé qui gouverne aujourd'hui le monastère est dom Antoine , père des Solitaires ; il fut élu le 13 novembre 1852 par tous les religieux de Meilleraie réunis sous la présidence du révérendissime dom Joseph-Marie, abbé de la Grande-Trappe et vicaire général de la Congrégation. Il a été béni solennellement dans la chapelle du couvent, le 25 janvier 1853, par Mgr Jacquemet évêque de Nantes. Dom Antoine était prêtre du diocèse de la Loire-Inférieure, il y exerçait les modestes fonctions de vicaire-desservant, lorsqu'il vint demander à Meilleraie le calme de la solitude : on l'appelait dans le monde Félix Bernard. Sa taille est élevée, sa figure est réfléchie et porte l'empreinte d'une certaine dignité. Il a fondé, dans le diocèse de Bourges, la maison de Fongombaud dont nous parlerons ailleurs.

Je me disposais à partir, déjà mes malles étaient chargées : j'étais dans la cour près du Père hôtellier qui achevait de donner ses instructions à un frère familier, c'est ainsi qu'au monastère on appelle les domestiques. Les moines étaient à vêpres. Ces chants qui m'arrivaient à travers les vitres de la chapelle, et qui remplissaient l'espace, donnaient à cette heure de la séparation, des émotions dont j'ai conservé le souvenir, mais que je ne saurais rendre. Ces religieux publiaient à pleine poitrine la gloire de l'éternel : qui est semblable, disaient-ils, au Seigneur, notre Dieu, qui habite dans les hauteurs immortelles, qui voit tout au ciel et sur la terre, qui tire l'indigent de la poussière, et relève le pauvre de son fumier pour le placer avec les princes et les chefs de son peuple.

Ces magnifiques psaumes me transportaient d'aise. J'étais tenté de leur répondre avec le prophète : qu'il est doux, qu'il est beau d'habiter la maison du Seigneur !

Mais l'humble voiture du couvent était prête, elle n'attendait plus que moi : je fis mes adieux, mes remerciements au Père hôtelier, pour sa gracieuse hospitalité. A ce moment je crus sentir une larme qui s'échappait de ma paupière : on se fait si vite au bonheur, on croit si promptement à l'affection, à ce sentiment perdu, qui n'a plus guère d'asile qu'au monastère.

La grande porte de l'abbaye s'ouvrit à deux battants : le Frère portier, ce vieux militaire, devenu soldat du Christ, s'inclina profondément pour me laisser passer, et franchissant aussitôt ce seuil béni de la prière et de la pénitence, emporté par la mulle du couvent, je perdis bientôt de vue cette délicieuse solitude, le vieil ermitage de Meilleraie, qui disparaissait derrière le rideau formé par les arbres séculaires de la forêt.

ABRÉGÉ

DE

L'HISTOIRE DES BERNARDINS

OU

GUIDE DU PÉLERIN

CHEZ LES TRAPPISTES DE FRANCE.

6*

ABRÉGÉ

DE

L'HISTOIRE DES BERNARDINS

OU

GUIDE DU PÉLERIN

CHEZ LES TRAPPISTES DE FRANCE.

Il nous a semblé curieux, chose presque nouvelle, de suivre à travers les âges, ces moines que nous venons de visiter avec tant d'intérêt : de voir leur pauvre nacelle sans cesse battue par l'orage, à chaque instant menacée de sombrer et reparaître tout à coup sur l'eau, voguant avec calme, sous le pavillon du Christ, la règle de saint Benoît pour boussole.

Ces austères pratiques de la pénitence qu'au monastère de Meilleraie on suit avec la fidélité du premier temps de l'ère monastique, ont essuyé les plus rudes épreuves, les combats les plus terribles. Aussi rien n'est attachant comme leur histoire ; au milieu de l'indifférence, du luxe et de la corruption, qui éteignent dans le cœur jusqu'au sentiment de Dieu, qui font oublier le ciel et la prière ; on est tout étonné de voir apparaître de sévères réformateurs, de pieux solitaires, qui semblent suscités par saint Benoît, pour défendre son œuvre de salut et ramener ses enfants au bercail, à l'étroite observance de son code monastique.

Il n'est pas jusqu'au berceau de l'ordre, jusqu'à la naissance de cette institution sainte qui ne vous intéresse et ne vous captive ; on aime à retrouver un des plus beaux caractères, une des plus nobles figures de l'antiquité, sous les traits de l'immortel patriarche des moines d'occident.

C'était à la fin du Ve siècle, l'heure de la civilisation chrétienne était venue, pour l'Europe entière : Dieu semblait frayer largement le chemin qui devait donner accès au christianisme ; le soleil de la croix se levait sur les débris de l'empire romain, sur les ruines du paganisme et de l'erreur.

Ce fut à Clovis, qui chassa les romains à la bataille de Soissons : ce fut à ce farouche Sicambre, qui se fit chrétien au milieu des triomphes de la victoire de Tolbiac, que la Providence confia le soin de défricher, par l'épée, le champ du Seigneur. Pendant que ce roi barbare plantait au milieu des Gaules le signe auguste qui vainquit à Maxence, naissait à Narsia, au duché de Spolette en Italie, un enfant qui devait remplir le monde de son nom, peupler l'univers de ses œuvres ; un humble solitaire, qui devait éclairer du flambeau de la foi ces régions païennes, briser dans la pénitence et la prière, des hommes qui ne savaient manier que la hache, et qui ne respiraient que les camps et les combats, c'était Benoît, on l'appelait encore Bénédicte ; nous étions en 480, sa famille avait tous les biens de la naissance et de la fortune. A peine sorti de l'enfance, on le conduisit faire ses études dans les écoles de Rome, il y brilla par ses succès et ses exemples de vertus.

Un magnifique horizon s'ouvrait devant lui, il n'était aucune charge publique, aucune gloire qu'il ne pût ambitionner, par droit de naissance et de mérite : le chemin des honneurs lui était ouvert et le monde des plaisirs lui tendait largement les bras.

Mais cet enfant de seize ans qui avait le génie de Dieu et des choses du ciel, comme d'autres ont à cet âge précoce le génie de la science et des arts, semblait s'étioler à l'air impur de cette reine du monde, de cette cité mondaine qui ne rêvait que fêtes et voluptés. Le danger est pressant, le jeune Bénédicte craint pour son cœur les séductions qu'on étale à ses yeux ; il part et va chercher loin de la contagion, dans les jardins de Rome, un refuge pour son jeune âge, un abri contre sa faiblesse.

Cyrille, sa chère nourrice, sa mère d'adoption, a deviné ses intentions, elle est sur ses pas et veille sur son enfant, comme elle avait veillé jadis sur son berceau. Un jour, raconte une pieuse légende, que cette sainte femme broyait le froment nécessaire à la nourriture de Bénédicte, elle brisa en le laisant tomber, le crible qu'elle avait emprunté. Le jeune solitaire voit couler les larmes de sa pauvre nourrice, il fléchit le genou, fait à Dieu sa prière, et le crible se trouve aussitôt miraculeusement rétabli. C'est pour rappeler ce miracle et le perpétuer d'âge en âge, que les habitants d'Afile, suspendent un crible à la porte de leur église.

Mais Benoît qui trouve sa solitude trop douce avec Cyrille, trompe sa sollicitude et arrive seul dans un lieu désert qu'on nomme *Sublaco*, à quatre mille de Rome. Il s'enfonce dans une caverne horrible appelée depuis, la *Sainte-Grotte*, et passe ainsi trois années, ne recevant l'air et la lumière que par la fente du rocher. C'était aussi par cette ouverture, qu'un vieil ermite, après avoir agité sa sonnette, descendait au jeune anachorète, son pain de chaque jour, celui qu'il partageait avec lui.

Les lieux les plus inaccessibles à l'agitation et au bruit du monde, restent souvent ouverts à la tentation, à l'esprit d'inquiétude ; l'ermitage a ses épreuves et ses combats, comme les palais des princes ; Benoît en sent les cruelles atteintes, mais au lieu de laisser grandir son ennemi, il l'attaque vigoureusement ; cet ennemi, c'est son corps, dont les sens s'éveillent, il le roule presque nu sur un lit de ronces et d'épines. Ses membres saignent par mille plaies, mais l'excès de la douleur avait éteint les feux du jeune âge, l'ennemi était vaincu, Benoît triomphait.

Tant de courage à un âge si jeune, n'entre pas dans une âme vulgaire, et savoir se maîtriser ainsi, c'est porter au front la marque des hommes d'élite, c'était celle à laquelle on reconnaissait déjà le choix qu'avait fait le ciel, pour la mission qu'il lui préparait en occident.

Un jour des bergers l'aperçurent, il était couvert de peaux de bêtes, sa vue les effraya, mais à son air calme et tranquille, ils se rassurèrent un peu et finirent par l'approcher. Benoît leur parla de Dieu avec tant d'onction, d'éloquence et d'entraînement, que les pâtres se firent ermites.

Cet événement eut un immense retentissement, il n'était bruit que des merveilles du jeune anachorète ; des moines qui habitaient le monastère de Vicovare, entre les déserts de Sublaco et les délicieux jardins de Tivoli, vinrent le prier de se mettre à leur tête.

Il céda après de longues hésitations, vaincu par leurs instances, mais il ne tarda pas à le regretter. Ces moines qui n'en avaient pas le nom et que Benoît voulut aussitôt réformer, passèrent vite du mécontentement à la haine, de la haine au crime : ils conçurent l'affreux projet d'empoisonner l'abbé de leur choix, leur père monastique. Déjà le breuvage était prêt, on venait de le servir à Bénédicte, mais le saint ayant fait le signe de la croix, en appelant sur lui les bénédictions du ciel : la coupe aussitôt se brisa avec éclat, en laissant épancher le breuvage qu'elle contenait.

Le pieux solitaire, un instant recueilli, semble remercier Dieu, au fond de son cœur, de la vie qu'il vient de lui conserver si miraculeusement. Puis regardant avec calme, le sourire sur les lèvres, ces moines assassins, dont le trouble accuse la conscience ; ne vous avais-je pas dit que nos pensées et nos vues religieuses ne pouvaient sympathiser ; soyez les pardonnés et que Dieu efface de son livre éternel le crime que vous y venez d'inscrire ; pour moi, je retourne à mon rocher de Sublaco.

Mais le jeune anachorète n'y put trouver la solitude qu'il cherchait ; sa sainteté s'était rapidement répandue dans les contrées les plus éloignées de Rome : des chrétiens fervents, de sincères croyants venaient en foule lui demander à partager, sa retraite et sa pénitence. Douze monastères s'élevèrent comme par enchantement autour de la Sainte-Grotte, dans la province de *Valoria*.

Des romains de haute extraction, d'illustres personnages attirés par les vertus de Bénédicte, lui amenaient leurs enfants pour qu'il les bénît, et qu'il leur apprît la science de la sagesse éternelle. De ces enfants, deux surtout étaient issus des premières familles de Rome : fils de consulaires, ils devinrent les célèbres collaborateurs de leur maître : c'étaient Maur et Placide.

Dieu éprouvait son serviteur avant de lui confier l'admirable mission qui se continue depuis treize cents ans, il le soumettait au creuset de la douleur et des humiliations, il l'épurait dans la souffrance et la calomnie. Le pauvre solitaire est contraint de quitter sa grotte sainte, pour fuir le venin mortel que distillait la haine de ses ennemis, il se retire avec une petite colonie de moines, sur le Mont-Cassin, dans la terre de Labour au pays de Naples.

Armé d'une simple croix de bois, le pieux exilé convertit à Dieu le peuple idolâtre de cette montagne, brise lui-même la statue d'Apollon et renverse son temple. Sur ses ruines encore fumantes bâtit deux chapelles, qui sont devenues le berceau où s'est élevé cet ordre fameux, si connu dans l'histoire, d'où se sont échappés comme d'une source immense, des torrents de science et de vertus qui se sont épanchés sur l'Europe. Benoît avait alors quarante-huit ans ; le temps des épreuves semblait passé : le Ciel commençait à sourire à sa sainte entreprise, ses enseignements monastiques éclosaient aux ardeurs de sa foi et de son dévouement. Bientôt le nombre de ses pénitents devint si considérable, que le mont Cassin ne pouvant plus les contenir, il fallut en détacher de nombreuses colonies.

Le jeune Placide venait de prendre le chemin de la Sicile, où il jeta les fondements de cet antique monastère qui porte encore son nom et qui jouit d'une si grande réputation de sainteté. Mellitus et Saint Augustin allaient partir pour la vieille Angleterre, Saint Boniface pour la Germanie, Saint Maur s'apprêtait à voler en France ; ne pouvant suivre les ouvriers de la pénitence et être partout avec eux, Saint Benoît écrivit alors sa règle monastique : ce chef-d'œuvre de précision et de sagesse ; ces tables de lois religieuses, que Grégoire-le-Grand mettait au-dessus de toutes les autres ; elles étaient fondées sur le silence, la prière, la solitude, l'humilité et l'obéissance.

Cette sublime charte donnait à l'abbé le gouvernement de tout le monastère, et chaque moine était appelé à l'élection de cette humble royauté. Elle imposait sept heures de travail manuel par jour, et deux heures de lecture spirituelle, outre la méditation qui doit durer depuis matines jusqu'au point du jour ; elle proscrivait la chair des animaux, accordait à chaque religieux une livre et demie de pain et une hemine de vin. Trois choses étaient exigées du novice admis à faire ses vœux : la chasteté, la pauvreté et l'obéissance.

Telles étaient en abrégé, les constitutions de cet ordre fameux auquel l'Europe doit en grande partie sa science et sa civilisation ; qui subsiste depuis près de quatorze siécles ; et qui compta dans son sein jusqu'à trente-sept mille maisons religieuses.

Le nom de Saint Benoit remplissait alors le monde : c'était une puissance qui prenait sa force en Dieu, son prestige en ses œuvres, dans ses légions de moines qui couvraient déjà l'Europe entière. Totila à la tète de ses Ostrogoths passait comme un torrent, renversant sur ses pas tout ce qui tentait d'arrêter sa marche triomphale. C'était le temps de l'invasion des Barbares du Nord, qui se ruaient sur l'empire romain pour se partager les lambeaux de ce colosse qui se mourait d'inanition et de faiblesse, appuyé sur le bras de l'empereur Justinien.

Les armées de Totila ivres de leur succès, ivres du sang qu'elles répandaient sur les champs de bataille, venaient de battre les cohortes de Belisaire, l'invincible lieutenant de Justinien ; le vainqueur traversait en souverain, en maître redouté, les plaines de la Campanie, il veut voir Benoît, dont l'œuvre gigantesque s'étendait sans effort comme par miracle au milieu de ce cataclysme de guerre.

Mais avant de compromettre sa dignité dans cette humble visite, il veut éprouver le solitaire, s'assurer de la réalité des merveilles qu'on raconte de sa science miraculeuse : il lui dépêche au milieu d'une magnifique escorte, un de ses capitaines recouvert de ses armures, et des insignes de sa puissance.

Le voyant venir, le vieillard qui était assis se leva : Quittez mon fils, dit-il à ce simulacre de roi, quittez cet habit qui n'est pas le vôtre. L'officier découvert dans son mensonge, tombe aux pieds du saint dont il implore le pardon.

A la nouvelle de cette scène, le farouche Totila croit sentir la frayeur entrer dans son âme : il vient incliner devant l'ermite de Sublaco ce front qui avait fait trembler Rome, l'orgueilleuse maîtresse du monde. Il est à genou et attend pour se relever que le pauvre patriarche lui tende la main.

Benoît dut présenter en ce moment l'un des plus beaux caractères, l'une des plus magnifiques figures de l'histoire. Appuyé sur son bâton de solitaire, sans armes,

sans soldat, il avait devant lui tout tremblant le maître
d'armées nombreuses, dont la tête était couronnée des
lauriers de vingt victoires, le farouche Totila, qui écou-
tait avec soumission les sévères remontrances de l'ermite : vous avez fait beaucoup de mal, lui dit le saint,
et je prévois que vous en ferez bien davantage encore.
Vous reprendrez Rome, vous passerez la mer et régnerez
pendant neuf années. La dixième vous irez rendre compte
de vos œuvres devant le trône de Dieu.

Totila effrayé s'inclina respectueusement et partit : à
quelque temps de là, ses légions reprenaient Rome abandonnée par Bélisaire, il passait la mer, ravageait la
Sicile, régnait neuf années, la dixième s'ensevelissait à
jamais dans la grande bataille des Appénins que lui livrait
Narsès ; c'était l'accomplissement de la prédiction de
l'anachorète.

Le Saint qui savait que sa mort approchait, il en avait
révélé le jour, presque l'heure à ses disciples, fit creuser
sa tombe, son lit de repos ; il vit sa fin arriver, sans
trouble comme sans alarme : quand elle fut proche, il se
fit porter à la chapelle du monastère pour y recevoir une
dernière fois le Dieu des chrétiens, l'hostie sainte, le via-
tique du voyage éternel.

Entouré de ses enfants qui versaient d'abondantes larmes, le cœur brisé de douleur ; Saint Benoît se souleva et
s'appuyant sur le bras d'un de ses religieux, leur donna
ses dernières instructions : c'était un dernier chapitre à
sa règle, un codicille à son testament : puis élevant ses
mains vers Dieu, le patriarche mourant appela sur sa
famille monastique, la miséricorde, les grâces du ciel.
Le 21 mars 543 son âme purifiée par la pénitence, riche

de ses œuvres, s'envolait sur les ailes de la prière que son cœur et ses lèvres murmuraient encore. Il fut enterré en son monastère du Mont-Cassin.

Voilà l'homme dont le génie, dont la règle sublime a enfanté ces milliers de maisons religieuses qui couvrent le monde : cet ordre qui a compté dans son sein tant de papes, de cardinaux, d'évêques et de princes de la terre : qui a été tout à la fois l'expression la plus chrétienne, la plus intelligente et la plus résolue du principe monastique ; qui pendant des siècles a gardé la direction de toutes les branches de l'activité humaine.

Mais comme rien n'existe dans ce monde, sans avoir, à côté de soi, ou en soi-même, l'ennemi de son existence, des tendances désorganisatrices ; comme la vie elle-même n'est qu'une lutte continuelle entre le principe qui la gouverne et les lois qui régissent la matière ; l'œuvre de Saint Benoît ne tarda pas à tomber sous cette règle commune. Plus une création est importante, et plus elle doit être féconde en résultats, plus aussi elle éprouve de difficultés, plus les obstacles naissent sous ses pas et semblent entraver son action, arrêter son développement. C'est là, la marque de sa grandeur, le signe auquel Dieu la distingue.

La pauvreté monastique était de commandement indispensable : Benoît en avait fait une des pierres fondamentales de son édifice. Mais cette pauvreté ne consistait pas dans l'absence, dans la privation absolue de toute propriété, car c'eût été consacrer la paresse et mille vices avec elle ; elle autorise, elle comprend la terre acquise dans le travail et la peine, arrachée à une nature agreste et sauvage, mais elle condamne le bien-être qui s'attache à la prospérité. Aussi les moines demeuraient pauvres au milieu des biens qu'ils avaient arrosés de leur sueur et qu'ils faisaient valoir au bénéfice des malheureux et des indigents, dont ils se regardaient comme les fermiers, comme les humbles ouvriers.

Ces richesses si péniblement acquises tentèrent les rois et les seigneurs qui, au Ve siècle, usurpèrent les droits des pauvres et se mirent en leurs lieux et places, afin de jouir des revenus des couvents. Dagobert, Pepin et Charlemagne firent des efforts inouïs pour réprimer ces abus, mais ces tentatives généreuses n'arrêtèrent pas le mal dont les racines devenaient chaque jour plus profondes.

Les Romains avaient créé des *bénéfices* ou terres qu'on distribuait aux vieux guerriers en récompense de leurs services. Ces libéralités étaient personnelles et viagères. Les Francs, à la conquête des Gaules, introduisirent cet usage des partages des terres aux leudes ou fidèles compagnons de guerre. Charles Martel, qui avait à constituer un Etat en ramenant à la soumission les nations qui lui étaient hostiles : qui avait à repousser au nord l'invasion des Saxons, au midi celle des Arabes, avait besoin de soldats dévoués et de terre pour les solder. Mais par suite de la victoire de l'aristocratie, les bénéfices étaient restés en toute propriété aux leudes, et Charles n'avait plus de terre à concéder à ses compagnons des champs de bataille. Alors ce chef barbare, sans s'inquiéter s'il enlevait à la société sa dernière garantie d'ordre et de civilisation, s'empara des églises et des monastères, et les donna à ses guerriers qui y apportèrent leurs mœurs licencieuses et turbulentes, leur goût de chasse et de sang, leurs habitudes de tyrannie et de pillage.

Le mal était arrivé à ses dernières limites : c'était au commencement du VIIIe siècle. La force brutale était alors seule maîtresse de la société : plus de conciles, plus d'écoles, plus d'hiérarchie, les monastères comme les églises étaient sans gouvernement.

Carloman essaya bien de réparer le mal fait par son père, il tenta de rendre à l'Eglise ses biens et son indépendance. Encouragé qu'il était dans cette œuvre de réparation par les Papes et saint Boniface, il réforma les mœurs du clergé, et lui défendit de porter les armes. Mais touché, dit Fregedaire, de l'amour divin et du désir d'une patrie céleste, il abandonna volontairement son royaume et son fils qu'il recommanda à son frère, et se retira au couvent de saint Benoît, sur le Mont-Cassin, où il fit des vœux monastiques (745). Charlemagne, dans ses capitulaires, continua ces sages améliorations, il reforma les institutions religieuses des moines, défendit aux évêques la guerre et la chasse ; mais le clergé généralement très-soumis résista cette fois, il s'était fait guerrier pour conserver ses biens, il ne voulut pas quitter le service militaire, qui était la garantie de ses possessions. Charles nomma directement aux abbayes, mais il s'étudia à n'y placer que des hommes de science et de vertu ; et pour ramener le clergé à de plus sages inspirations, en le détachant un peu de ses biens, il créa la dîme, ce prélèvement du dixième sur les produits agricoles et industriels. Cette création, détournée de son but, va bientôt devenir pour les monastères une cause de ruine et de souffrance.

Dans la Gaule méridionale, grâce aux vertus de saint Benoît d'Ariane, la règle bénédictine avait recouvré toute la ferveur, toute la vigueur des anciens jours.

Mais les leudes qui avaient porté la race de Pepin d'Heristal sur le trône, ne s'endormaient pas, ils suivirent Charles dans ses expéditions guerrières; mais il ne leur concéda que des bénéfices temporaires : divisa leur terre pour diviser leur puissance, les chargea de tributs; malgré tous ces efforts, il ne put résister à l'empiétement des leudes, qui tentèrent même de faire transformer leurs bénéfices en alleux essayèrent de les distribuer en sous-fief, de faire disparaître les petites propriétés, et de réduire la plus grande partie de la population à la servitude.

Louis-le-Débonnaire, qu'on appelait aussi le pieux, loin de lutter contre ce déplorable état de choses qui chaque jour s'enracinait davantage : donna aux leudes, à ces sauvages guerriers des domaines royaux, à titre de possession perpétuelle, et laissa ainsi l'aristocratie des camps reprendre sa marche envahissante. Ce pouvoir nouveau va bientôt tout absorber peuple et royauté, il arrêtera même le développement religieux des monastères. Nous sommes au commencement du IXe siècle, la terre est tout : elle représente seule la valeur de l'homme, et ces grands feudataires vont devenir comme les véritables souverains de leurs provinces; la royauté ne sera plus un pouvoir public qui veut être obéi.

C'était la féodalité qui s'enracinait dans nos mœurs, Charles-le-Chauve écrivit ses droits d'existence dans la loi, à la diète de Kiersy; il rendit ce fameux capitulaire : si quelqu'un de nos fidèles, saisi d'amour pour Dieu, veut renoncer au siècle : s'il a un fils ou tel autre parent capable de servir la chose publique, qu'il soit libre de lui transmettre ses bénéfices et honneur comme il lui plaira. C'est l'hérédité, c'est la féodalité consacrée, légalement reconnue : les titres de duc, de comte, de vicomte, de marquis et de baron, qui n'étaient dans l'origine que des désignations de fonctions exercées par les gouverneurs des provinces, des cités, par des commandants des villes et leurs lieutenants, n'exprimèrent plus seulement un office, un honneur, une dignité, mais une véritable puissance (877).

Aussi la soif de la possession territoriale devint-elle plus grande que jamais ; Louis-le-Bègue, pour éviter le danger et se faire des partisans, augmenta le mal, en donnant des abbayes à qui les demandait : ces possesseurs féodaux qui avaient besoin de soldats pour soutenir leurs titres contre d'ambitieux voisins, pressurèrent ces pauvres moines ; aux désordres des anciens bénéficiaires, qui n'étaient que de simples propriétaires exerçant leurs droits viagers sous la surveillance de l'autorité royale, vinrent s'ajouter ces tracasseries seigneuriales.

Les pirates du Nord furent pour les abbayes de ce temps une cause nouvelle de ruine : tous les malheurs les assiégeant à la fois, c'était Dieu qui les éprouvait, qui passait l'ordre de saint Benoît à travers le crible de l'adversité, pour l'amener à la prospérité sainte dont il jouit aujourd'hui.

Nos côtes maritimes étaient depuis longtemps dépouillées de leur garnison à cause de nos troubles civiles ; les Normands en profitèrent pour faire leurs incursions sur le territoire de France et piller Rouen, Nantes et Bordeaux ; ils s'aventurèrent même dans l'intérieur des fleuves, sur de frêles embarcations, jusqu'à Paris, Orléans et Toulouse. Dans tout le pays compris entre l'Océan et ces villes, il ne restait pas un hameau qui n'eût éprouvé la férocité de ces peuplades sauvages. C'était surtout les abbayes où étaient concentrées toutes les richesses, toutes les ressources du pays, qu'ils s'adressaient avec prédilection.

Mais vaincus sur les bords de la Dyde, ils cessèrent leur déprédation, et conquirent pour la seconde fois l'Angleterre. Roll était établit dans le pays, qui a pris depuis le nom de Normandie ; Charles-le-Simple, pour faire la paix, lui envoya l'archevêque de Rouen : « Le roi mon maître t'offre sa fille en mariage, avec la seigneurie héréditaire de tout le pays compris entre la rivière d'Epte et la Bretagne, si tu consens à te faire chrétien et à vivre en paix avec le royaume (911). » Les propositions du roi de France furent acceptées, le pays fut arpenté, divisé entre les compagnons de Roll, sans égard aux droits des indigènes qui tombèrent presque tous dans la servitude. Les nouveaux possesseurs y établirent d'emblé le nouveau système féodal.

Voilà au milieu de quels éléments politiques vivaient les monastères : ils étaient le jouet tout à la fois de la cupidité, d'ambitieux qui ne voyaient en eux que des instruments de fortune. Ces étrangers, qui n'étaient chrétiens que de nom, regrettant leurs croyances païennes, supportaient difficilement ces fils de la pénitence, ces moines humbles et timides. Aussi, dans l'anarchie engendrée par ces guerres confuses, au milieu des calamités et des crimes de ce siècle de fer, l'instruction religieuse s'oublie, les conciles ne s'assemblent plus, le nom de Dieu n'a malheureusement plus le même ascendant sur les esprits, ses ministres ne cherchent plus comme autrefois l'autorité par la foi et les lumières, mais par les armes et les richesses, cette soif insatiable du dixième siècle ; ils reçoivent des terres, des fiefs, et la France, à la honte de cette époque de ténèbres, devient une théocratie militaire. Si quelques monastères ont conservé une ombre de liberté, on les achète : et à la tête de ces maisons de prière, vous ne voyez plus que des barons avides et belliqueux, qui passent à leurs descendants ces terres bénies : l'hérédité va s'emparer de la société ecclésiastique comme elle s'est emparée de la société civile.

Tout devint matière à fief, non-seulement les terres, mais les meubles, les offices domestiques, le droit de chasse, le péage des ponts et des barrières, les baraques des foires, les fours banaux des villes, jusqu'à des essaims d'abeilles. En résumé, sous la féodalité, la terre fut tout, nous le répétons encore, elle donna valeur à l'homme, qui sans elle, le croirait-on, ne fut rien, n'avait même pas de nom, elle constitua la condition civile et politique : elle intégra même dans les individus jusqu'au caractère sacerdotal, pour les possesseurs d'abbayes. Que pouvait être un ordre religieux, quelque saint qu'il fût dans ses inspirations et dans sa règle, au milieu d'une société qui mettait la terre au-dessus de l'homme, la matière au-dessus de l'individu.

Les monastères qui n'avaient rien de monastique, qui n'appartenaient plus à aucun ordre, parce qu'il n'y avait plus d'esprit de règle et de discipline, la société nouvelle avait tout détruit, ressemblaient à ces maisons dont les propriétaires ne sont plus et dont le nom est encore atta-

ché au-dessus de la porte d'entrée. Les abbayes devinrent à leur tour comme les évêchés, des seigneuries
féodales tout-à-fait semblables aux seigneuries laïques :
Ayant une terre suzeraine à qui elles rendaient leurs hommages et leurs droits, c'est ce qu'assure du moins Chan-
tereau dans son traité des fiefs.

La liberté des élections abbatiales n'existait plus, la
violence ou la corruption donnait seules les titres, les
dignités monastiques. Les rois s'attribuaient directement
l'investiture des abbayes qu'ils donnaient à leurs courti-
sans et en échange desquels ils recevaient de l'argent, des
dons sacrilèges.

Cependant le monastère de Cluny en 992 , devait avoir
conservé toute la piété de fervents cénobites, de moines
réguliers : car M. de Melun dans sa vie de Bouchard
raconte, qu'on écrivit à l'abbé de ces Bénédictins pour
l'inviter à venir réformer le monastère des Fossés près
Paris. Il répondit : ce nous serait une pénible mission
que de passer en des régions étrangères et inconnues ;
cela convient plutôt à nos voisins qu'à nous, vivant en
pays lointains. Pour comprendre ce passage, il faut se
reporter au temps de Hugues-Capet : pour se rappeler
combien les communications étaient difficiles, les rela-
tions rares et embarrassées.

Les abbayes, à cette époque de notre histoire, étaient
des possessions si importantes , que le roi Hugues-Capet,
était abbé de Saint-Martin de Tours , et de Saint-Denis ;
de ce monastère que le roi Dagobert fit élever avec un
luxe si fantastique, si fabuleux : que Saint Eloi illustra
de ses immortelles ciselures et qui était si riche que son
fondateur lui donna dans une seule de ses largesses , un

très-grand nombre de villes et de villages ; le roi Hugues relevait comme abbé de l'un de ses feudataires, qui occupait le Vexin, dans lequel était comprise l'abbaye de Saint-Denis : ainsi on relevait de plus petit que soi, de son vassal même.

Dans la France féodale, il y avait pourtant une foi vive, mais purement spéculative : c'était un sentiment noble et généreux, qui ne pouvait se développer au milieu de ces préoccupations territoriales : la force brutale ne pouvait être le lien fédératif des états chrétiens. C'était l'esprit qui devait gouverner cette société si matérielle : la foi faisait l'unité du monde féodal, l'Eglise devait être la patrie commune de tous les chrétiens. Pierre Damien écrivait : « la réforme doit partir de Rome, comme de la pierre angulaire du salut des hommes. Au milieu des dangers imminents et des abîmes sans fond qui menacent d'engloutir l'univers chancelant sur sa base, l'Eglise romaine est le port unique. »

Un homme apparaît pour effectuer cette grande œuvre de la réforme de la société par l'Eglise et donner à l'Eglise le gouvernement du monde. C'est Hildebrant, c'est l'immortel Grégoire VII (1048) dont Bayle fait un des plus grands esprits de l'humanité. Car selon lui il n'a pas fallu moins de cœur et de sagesse pour les conquêtes dont il a enrichi l'Eglise que pour conquérir un empire. Il a su réformer les monastères et les couvrir de sa puissance, de son autorité redoutée : aussi entrons-nous dans une ère nouvelle, une ère de piété et de résurrection monastique.

Bruno évêque de Toul, venait d'être élevé au siége pontifical par l'empereur Henri III. Se rendant à Rome, il passa par l'abbaye de Cluny, il y rencontra un solitaire selon Dieu, le fils d'un charpentier de Toscane, Hildebrant. C'était un homme très-versé dans les saintes lettres, dit un auteur du temps, et orné de toutes les vertus. Dès son enfance, il avait été confié à un frère de sa mère, qui était alors à Rome abbé de Notre-Dame-du-Mont-Aventin. Mais, c'est à Cluny sous l'abbé Odillon qu'il vint achever ses études et qu'il prit l'habit de ce monastère : il y était encore lorsque Bruno vint faire sa prière au monastère. Hildebrant s'éleva contre l'élévation de Bruno. Ce Pontife, terrassé par sa parole, se dépouille de la pourpre et va pieds nus, un bâton à la main, avec Hildebrant se soumettre à Rome à l'élection du peuple ; il est élu sous le nom de Léon IX. A la voix d'Hildebrant des missionnaires intrépides sortent des monastères et vont prêcher dans toute l'Europe le spiritualisme et la pureté de l'Eglise. Il décide la papauté à se donner un conseil, un sénat comme Rome en avait un, gardien et dépositaire des idées du Saint-Siége : il fait nommer des cardinaux qui seront les électeurs perpétuels du Saint-Siége · qui affranchiront cette élection de l'intervention des empereurs, des intrigues des barons et de la violence de la populace.

La réforme était commencée, l'Eglise s'arrachait aux entraves de la féodalité, la ferveur religieuse renaissait. Pour arrêter ces bruits d'épée et d'armures qui s'entendaient de toutes parts, pour reposer ce fer qui s'agitait en tous sens, on fit la *Trève de Dieu*, qui calma un peu la soif des combats et des conquêtes. Ces idées de chevalerie, en s'introduisant peu à peu dans ces mœurs sauvages qui bouillonnaient d'ardeur guerrière, les tournois prirent

8

la place des camps ; des victoires qui n'étaient pas moins ambitionnées, mais qui étaient moins dangereuses et moins bruyantes, aidèrent l'œuvre civilisatrice du christianisme. Les mœurs se policèrent, on se rapprocha : tout souverain féodal se fit une petite cour qui avait ses fidèles, ses hommes d'armes, ses chevaliers qui recevaient de lui leur épée, et lui rendaient hommage. A l'aide de ces institutions de la chevalerie, le clergé, qui a toujours été pour la Providence, des instruments de civilisation, s'efforçait de faire pénétrer les sentiments évangéliques dans les actions ; de faire descendre les sentiments de bienveillance et de dévouement, de la vie privée dans la vie publique ; il excitait la chevalerie à la défense du faible et de l'opprimé, contre la force guerrière qui ne s'exerçait que par le brigandage. La dévotion et la bravoure s'exaltèrent pour régénérer la société et asseoir la civilisation sur le christianisme, dans l'amour de Dieu et des hommes.

Hildebrant était sur le trône pontifical sous le nom de Grégoire VII (1073), il avait été vingt ans dans le conseil des papes. Mettre la moralité et l'ordre dans la société à la place de la force et de l'anarchie : faire régner Dieu et le mettre au-dessus de tout : tel était le projet qu'Hildebrant n'a cessé de poursuivre de tous ses efforts. Génie vaste, fécond, inflexible, plein de la foi la plus ardente et la plus pure, l'homme le plus grand et le plus vertueux de son siècle : Grégoire a su créer une société nouvelle, faire oublier le passé et asseoir l'avenir : nous recueillons encore aujourd'hui les fruits de son intelligence et de sa sainte entreprise.

Les rois tremblent devant sa tiare : il brise ceux qui

sont pour leur peuple un obstacle aux voies de Dieu et qui l'entraîne dans les sentiers de l'injustice et de la barbarie.

Les monastères sous ce soleil de justice et de vertu chrétienne refleurissent : la règle de saint Benoît se pratique avec toute l'austérité des beaux jours cénobitiques; les moines sont dans la main d'Hildebrand des exemples de gloire pour l'Eglise, des instruments de sage prosélytisme.

Grégoire venait de mourir épuisé de fatigues (1085), mais non abattu : résigné dans ses revers, il avait été obligé de fuir les impériaux qui avaient attaqué Rome, et s'était réfugié à Salerne. Leibnitz dit qu'en mourant il s'écria : « J'ai aimé la justice, haï l'iniquité, voilà pourquoi je meurs en exil. »

Les latins maudissaient les sarrasins comme infidèles, comme ennemis des lumières et de la liberté; Grégoire VII avait accueilli les cris de détresse des empereurs d'orient, il appela aux armes tous les rois, tous les princes et seigneurs catholiques. Les chrétiens et les Sarrasins ne pourraient jamais s'entendre, c'était, on le comprend, une guerre à mort, qui devait avoir lieu entre eux. L'Asie et l'Europe se donnèrent rendez-vous dans la cité de David, comme autrefois dans les eaux de Salamine et les champs de Platée.

Rien n'était beau comme cette époque d'enthousiasme chevaleresque et chrétien. Le chef de l'Eglise réunissait en un faisceau et dans une seule main toutes les épées, toutes les forces des chrétiens qu'il conduisait, qu'il menait à son gré.

Ces preux, ces nobles chevaliers, allaient mourir pour

Dieu, c'étaient les soldats du Christ, les défenseurs du saint sépulcre : toutes les imaginations s'enflammaient d'une bouillante ardeur et semblaient voir le ciel s'entrouvrir pour sourir à leurs pieuse entreprise ; les moines qui ne pouvaient contenir les élans de leur amour pour Dieu, de leur ferveur religieuse, se faisaient les prédicateurs, les humbles serviteurs, les compagnons de guerre de ces armées saintes, dont les rangs pressés s'étendaient au loin sous ces magnifiques oriflammes qu'ils étaient allés prendre aux pieds des autels.Les lances ne pouvaient plus reposer aux poings de tous ces soldats qui portaient sur la poitrine le noble signe de la croix.

C'était le règne de Dieu, toutes les pensées, toutes les aspirations montaient vers lui ; aux rayons de la foi qui embrassait la terre, éclosait mille institutions religieuses ; les chrétiens qui ne pouvaient aller combattre dans la plaine, priaient sur la montagne, s'enfermaient dans les monastères pour fléchir Dieu par la pénitence, et sauver la Terre Sainte des mains des infidèles.

Cependant les princes régnants voulaient qu'on leur abandonnât l'investiture des charges ecclésiastiques, c'était la grande affaire qui préoccupait les esprits et qui fit le principal objet du Concile de Reims en 1119 ; mais le traité de Worms, trois années plus tard, termina ce différent, il fut reconnu au pape Calixte II, le droit exclusif d'investir les abbés et les évêques de leurs dignités avec la crosse et l'anneau pastoral, et le chef de l'Etat conserva le droit d'investir ces dignitaires de leurs biens temporels avec le sceptre. C'était là, pour les monastères une précieuse conquête ; la gloire de l'Eglise de Dieu, « disait l'abbé Suger, est dans l'union de la royauté et du sacerdoce. » Il aurait pu ajouter que c'était aussi là qu'était le fondement de la gloire et de la prospérité d'un Etat.

Avec ces élans de la foi chrétienne, avec les forces religieuse et politique qui se développaient au sein de la société française, naissaient les arts ; c'était l'amour de Dieu, qui s'épanchait sous les formes les plus gracieuses, dans une architecture pleine de poésie sentimentale. C'est à cette époque que se construisirent ces magnifiques cathédrales, œuvres gigantesques où personne n'a osé mettre son nom, parce que c'est l'œuvre de tous, où Dieu a imprimé le sceau de sa puissance, des merveilles de la foi. Aux grosses colonnes à lourds chapiteaux, succèdent les minces et inégales colonnettes groupées en faisceaux, dont la tête s'épanouit en délicates nervures ; au plein-ceintre se substituèrent les ogives, admirable arceau qui s'enflait ou se redressait à volonté dans les mains de l'artiste, et qu'il sema partout. Le toit plat se changea en voûte étroite formée en carène de vaisseau, son clocher pyramidal alla percer la nue de sa flèche audacieuse. Les portails, les galeries, les nefs, les chapelles furent chargées d'une profusion de détails gracieux ou terribles, de statues innombrables, de vitraux magnifiques. La pierre se transforma et s'anima, dit Lavallée, en un poëme immense où l'imagination la plus féconde a épuisé toutes ses religieuses inspirations ; ce peuple s'inquiétait peu des bouges obscurs et infects où il couchait pourvu qu'elle fût riche, grande et magnifique, cette cathédrale où il passait la moitié de ses jours, où il trouvait l'égalité bannie de partout ailleurs, où il repaissait son cœur du plus grand des spectacles. L'architecture de ce XIIe siècle était le style qui a improprement pris le nom de style gothique.

Partout c'était le même élan : dans la peinture, dans la poésie, dans la musique, c'était toujours Dieu qui se révélait : c'était la société qui s'abandonnait dans un pieux délire, à toutes les inspirations de sa foi, et qui fondait sur la croix les bases d'une constitution civile durable et glorieuse. L'Eglise était l'âme de cette société nouvelle qui gouvernait les peuples et les rois : elle embràsait le monde des lumières qu'elle possédait, et dont elle avait presque seule le monopole : c'était la vie de l'intelligence qu'elle communiquait à tout ce qu'elle touchait. Les moines furent surtout les instruments de cette fécondité artistique et littéraire, c'est à leur patience, à leur infatigable activité que revient une grande partie de la gloire de cette immortelle époque.

Dieu suscita dans ce temps de miséricorde un homme aussi grand par sa science, qu'il était vénéré pour ses vertus. Voici le portrait que trace de main de maître, l'auteur que nous venons de citer, il était aimé et obéi des grands et des petits, des nations et des rois ; c'était l'oracle de son siècle. Sa foi était simple et ferme, sa piété ardente et éclairée, son amour de la vérité et son dévouement de la nature la plus élevée et la plus pure. Il prit part à toutes les affaires de l'Europe et n'avait d'autre pouvoir que celui que donne un grand nom. Peu d'hommes ont été chargés de plus de travaux ; diplomate universel, pacificateur des Etats, écrivain plein d'élégance et d'onction, il apaisait les schismes, dirigeait les conciles, instruisait le clergé, fondait cent soixante couvents et répendait ses disciples dans toute la chrétienté : c'était Bernard.

Tel est le jugement d'un des historiens les plus savants, les plus impartiaux que nous connaissions, et que nous ne pouvons suspecter d'erreur ou de fanatisme religieux.

Saint Bernard était né l'année 1191, à Fontaine, petit village de Bourgogne, dont son père, qui avait nom Tescelin, était le seigneur en ces temps de régime féodal. Sa mère, noble dame aussi, se nommait Aleth de Montbas. Comme saint Benoit son maître, saint Bernard montra de bonne heure un goût irrésistible pour la solitude. Il commença ses études dans l'école du chapitre de Châtillon, et parut plus tard avec éclat dans l'Université de Paris. Après avoir passé quelques temps en retraite avec ses frères et un petit choix d'amis dans la maison de son père, il les entraîna tous dans l'abbaye de Citeaux. Il n'avait alors que vingt ans.

Nous avons déjà dit qu'un de ses plus grands titres à la gloire du monde, à son incontestable réputation de savant dialecticien, était la thèse qu'il avait eue à soutenir contre Abeilard, son illustre contemporain, qui avait douze ans de moins que lui, car il était né au bourg du Pallet, près de Nantes, en 1179.

Abeilard, qui était tout imbu des doctrines d'Aristote puisées dans l'*organum* qui fut envoyé de Constantinople à Charlemagne, par les Arabes ; éleva, au milieu d'une époque de foi et de soumission chrétienne, des idées subversives de toute autorité religieuse : il leva l'étendard de la liberté et du libre examen : nul ne peut croire, disait-il dans son introduction théologique, sans avoir compris : la religion veut des arguments philosophiques qui satisfassent sa raison. Mais ces doctrines furent combattues par l'inflexible logique de saint Bernard, et le philosophe breton dut abaisser son orgueil scolastique devant la foi et la science de saint Bernard. Il fut condamné à brûler lui-même son livre. L'abbé de Clairvaux eut aussi à se mesurer avec le génie de l'abbé Suger, qui, de moine de saint Denis, était devenu ministre de Louis VII. Dans une question d'investiture pour l'Eglise de Bourges, Suger combattait pour son roi, saint Bernard pour l'héritier de saint Pierre, la thiare l'emporta.

Saint Bernard parcourait les chaumières et les châteaux, les villes et les campagnes, remuant aux accents de sa voix seigneurs et vilains, manants et bourgeois : il décida la seconde croisade, qui partit sous le commandement du roi de France, contre l'avis de Suger qui dut encore céder devant l'autorité de l'illustre moine (1147).

Cette année-là même, un des religieux que saint Bernard avait formé et qui était devenu le chef de l'Eglise, le souverain du monde catholique, le dépositaire de la puissance de Dieu sur la terre, Innocent III fut pour les monastères le protecteur, le conseil et l'ami. Il avait été abbé du couvent de Saint-Anastase.

Il convient, disait ce Pontife, dans une bulle de 1147, il convient à la clémence de l'autorité apostolique de chérir les religieux, et de couvrir les lieux qu'ils habitent, d'une pieuse protection. Nous voulons que les biens que vous possédez canoniquement, ou que vous pouvez acquérir désormais par les concessions des Souverains Pontifes, par les largesses des princes ou les offrandes des fidèles, vous soient conservés intacts à vous et à vos successeurs.

Cependant que personne ne prétende lever des dîmes sur les fruits du travail de vos mains, ou sur les animaux que vous élevez. Si quelqu'un, ecclésiastique ou non, ose violer sciemment cette constitution, qu'il soit exclu de la participation au sang de Notre-Seigneur Jésus-Christ, et qu'au jugement dernier il soit livré à la vengeance suprême. (Archives de la Trappe).

On le voit, à cette époque les monastères prospéraient, le Souverain Pontife ne parle pas de bénéfices, des charges pesant sur ces pauvres moines, il n'est plus question que de dîmes. S'il y avait eu d'autres vexations commises, le Souverain Pontife, qui avait été abbé d'un monastère important, se serait empressé de fulminer contre eux et de les écraser des foudres du Saint-Siége.

C'est à ce même Pape, Eugène III, que saint Bernard a adressé son écrit, sans contredit le plus remarquable de tous ceux qu'il a produits, intitulé *Traité de la Considération*, dans lequel il donne à la papauté les conseils de la plus haute sagesse. L'illustre abbé de Clairvaux mourut le 20 août 1153, et fut canonisé vingt ans après par le Pape Alexandre III.

L'Eglise, à cette époque, était si forte et si puissante, que Henri II, roi d'Angleterre, après avoir chassé l'archevêque de Cantorbéry, qui n'avait pas voulu se courber devant ses constitutions anti-ecclésiastiques, écrivit au roi de France pour le prier de le chasser de ses Etats. Louis VII lui répondit avec fierté : « Qui donc l'a déposé ? Je suis roi aussi, mais je n'ai pas le pouvoir de dépouiller le moindre de mes clercs. D'ailleurs, il est de la dignité des rois de France de défendre les exilés contre les persécuteurs. J'ai reçu l'archevêque de Cantorbéry des mains du Pape, *qui est seul mon Seigneur et Maître sur la terre,* c'est pourquoi je ne l'abandonnerai ni pour roi, ni pour empereur, ni pour aucune personne du monde. » Henri fit assassiner l'archevêque qui, confiant en sa loyauté, était revenu en son siége épiscopal où il le fit assassiner. A cette nouvelle le roi de France s'écria avec indignation : « Que le glaive de saint Pierre sorte du fourreau pour venger le martyr de Cantorbéry, son sang crie au nom de l'Eglise universelle. » Henri redouta moins ses remords que l'excommunication du Saint-Siége qui pouvait l'isoler au milieu de ses sujets. Il consentit, malgré son orgueil et son impiété, à se trainer nu-pieds au tombeau de sa victime, où il reçut la punition de son crime ; il préféra ce supplice honteux et pénible aux foudres de saint Pierre.

Malgré cet immense pouvoir du chef de l'Eglise, les monastères étaient parfois encore les victimes de seigneurs ambitieux. Vers l'an 1155, il existait, près d'Avallon, un monastère célèbre par son église et ses priviléges, c'était celui de Vezelay, il ne relevait que du Saint-Siége, et ne reconnaissait aucune autre juridiction ecclésiastique ou temporelle, aussi ce couvent avait-il acquis des richesses considérables qui excitèrent l'envie du comte de Nevers. Il prétendit avoir des droits seigneuriaux sur la ville qui s'était formée autour du monastère, et qui s'enrichissait de l'argent des nombreux pélerins qui venaient prier sainte Marie-Madelaine, patronne du monastère. Le comte de Nevers les souleva contre l'abbé, et ces habitants chassèrent ces moines de leur ermitage de Vezelay. Le Pape Adrien IV. força Louis VII à marcher contre les rebelles, et le comte fut contraint de venir remettre le couvent aux mains des moines, laissant les insurgés se retirer dans les châteaux voisins.

Nous étions au milieu du XIIe siècle, l'Ordre des Bernardins avait pris un développement si considérable, le flot de pénitents qui se pressaient à la porte des monastères était si grand, que le chapitre général de 1150, effrayé de cette multitude qui allait toujours croissante, défendit, mais inutilement, de fonder de nouvelles maisons.

Ces moines étaient hautement protégés par le Saint-Siége, qui comprenait ce qu'ils pouvaient de bien pour l'Eglise et les peuples. Innocent III, qui venait de monter sur ce trône pontifical, les prit immédiatement sous son puissant patronage. Ce Pape, l'un des plus grands hommes qu'ait produit le moyen-âge, était imbu des idées de Grégoire VII, aussi mit-il tout son génie à les faire triompher. Dans ses bulles de 1203 et 1204, il fulmine contre tout ce qui tenterait de troubler ces humbles anachorètes dans l'exercice de leurs austérités religieuses et dans la libre possession de leurs biens. Ses foudres étaient terribles et ne ménageaient aucun des prévaricateurs. C'est sous son règne et par son zèle qu'eut lieu la quatrième croisade et la prise de Constantinople, qu'il condamna, comme n'étant pas habitée par des païens, mais par des chrétiens hérétiques, des Grecs ; le désastre fut épouvantable malgré la défense des prélats et des chefs. Ces vainqueurs coupables vinrent aux pieds d'Innocent implorer leur pardon.

Au milieu de ces triomphes de l'Eglise, le danger commençait à poindre, l'Université de Paris avait reçu de Philippe II une organisation régulière, elle avait pris le titre pompeux de fille ainée des rois ; ses vingt-cinq mille écoliers avaient obtenu des franchises qui en formaient un monde à part, libre jusqu'à la licence : c'était le réceptacle de toutes les hostilités scolastiques et de toutes les débauches (1210).

Cette université, cette citadelle de la foi catholique, comme on l'appelait ironiquement sans doute, avait pris vis-à-vis des papes, une position très-indépendante, elle tournait toutes ses études vers l'antiquité sacrée et profane ; elle n'avait d'autre ambition que de rappeler cet ancien monde, qui pullulait d'erreur et de mensonges. La littérature du midi de la France était alors dans toute sa splendeur, elle mettait en campagne les intelligences surexcitées, qui n'avaient plus ni règle ni frein, c'est le scepticisme qui se faisait jour, on le retrouve partout.

Cette littérature enfante à plaisir ces milliers de fabliaux licencieux et railleurs, où les moines y sont attaqués avec un cynisme révoltant, où la grossièreté veut être maligne, et la corruption candide. Les poëtes, les troubadours n'ont qu'un esprit libertin, mais point de force et d'inspiration, ils ont de la subtilité et des sentiments faux. C'est au milieu de ce peuple, c'est de Béziers à Bordeaux que naquit une hérésie nouvelle, celle des Albigeois qui eut dans le XIIIe siècle de si horribles conséquences. Rome ne conçut d'abord aucun esprit de défiance contre les *patarins*, les *catharins*, ou pauvres de Lyon comme on les appelait encore, et Saint-Bernard, lui-même, qui pratiquait avec entraînement le bien, croyait aux mêmes dispositions chez les autres, aussi nous lisons dans le soixantième sermon de ses œuvres : « Leurs mœurs sont irréprochables, ils ne font de mal à personne, leurs visages sont mortifiés et abattus par le jeûne, ils ne mangent pas leur pain comme des paresseux, ils travaillent pour gagner leur vie. » Mais ces austérités, et ces airs composés ne cachaient que plus de danger et de malice ; leurs doctrines étaient un mélange de celles des Ariens, des Manichéens, des Sacramentaux : leurs croyances étaient du reste très-confuses : mais ils rejetaient la messe, les sacrements, le culte des images et le Purgatoire. Gervais de Douvres, prétend que cette hérésie que les troubadours propageaient dans leurs chants s'était tellement emparée de tous les esprits, qu'on maltraita les moines et que le clergé fut brutalement chassé de ses églises ; le nom de prêtre était synonyme d'injure.

On comprend la terreur que jetèrent ces idées nouvelles au milieu d'un peuple qui aimait la religion du Christ, jusqu'à traverser les mers et s'exposer à mille dangers de mort, pour aller défendre les lieux où elle avait pris naissance et que son divin fondateur avait arrosés de son sang ; on comprend aussi, sans les pardonner sans doute, les excès qu'ammenèrent ces Croisades de nouvelle espèce qu'Innocent III envoya à la défense de la foi chrétienne, à l'extirpation de l'hérésie : les Bernardins qui avaient toute la confiance de l'illustre Pontife, tout le respect des populations catholiques, se jetèrent sur la brèche, pour repousser l'ennemi et conserver leurs croyances. Mais le mal était produit, il s'étendait déjà avec une incroyable rapidité. A l'Université, dans les écoles de Paris, Aristote régnait en maître, Pierre Lombard répétait les erreurs d'Abeilard, il les inoculait à tous les esprits. Rien ne put arrêter le torrent des idées nouvelles. C'était la licence et l'insubordination ; des nuages gros d'orages et de tempêtes couvraient le ciel politique et présageaient de détestables jours.

Un pieux prélat espagnol, Diégo de Azebès, évêque d'Osma, qui voyageait alors en France avec Dominique Gusman, sous-prieur de sa cathédrale, trouva les légats du Pape à Rome, il leur conseilla de renoncer à la pompe mondaine dont ils s'entouraient et à continuer leur mission à l'exemple des apôtres, à pied et sans porter d'argent sur eux. Diégo et Dominique leur en donnèrent l'exemple en parcourant la France pieds nus, rompant avec les sectaires des lances théologiques qui plus d'une fois triomphèrent (1216).

Grégoire IX venait de succéder à Honorius. C'était un vieillard d'une réputation sans tache, disait le roi dissolu Frédéric de Naples, d'une moralité incontestée, qui par sa piété, son éloquence et sa science, brillait au milieu de ses contemporains comme une étoile dans le Ciel; fidèle continuateur de Grégoire VII, il voulait comme lui, l'unité du monde catholique. Mais malheureusement cette grande et sublime pensée dépérissait chaque jour, la fédération chrétienne sentait peu à peu se disjoindre ses liens, dans l'indépendance scholastique qui se manifestait de toutes parts, l'hérésie avait fait un mal immense. On voulait tout discuter : le pouvoir des Papes, le pouvoir des souverains, jusqu'à la liberté des individus. La métaphysique d'Aristote prenait une autorité aussi ridicule qu'incroyable, la dialectique se jouait des questions les plus sacrées, soulevait les opinions les plus hardies.

Grégoire IX institua pour retremper le clergé dans sa source plébéienne les ordres mendiants de Saint-François et de Saint-Dominique. C'étaient les premiers moines nouveaux qui venaient s'implanter en Occident, depuis que Saint Maurs, Saint Placide et Mellitus y étaient venus apporter la règle de Saint Benoît. Ces religieux parcouraient à pied, et deux par deux, les villes et les campagnes pour y combattre l'hérésie et soutenir la foi des chrétiens. Ils devaient mener non pas une vie contemplative, mais pratique ; ils devaient se mettre dans la plus basse des conditions pour rappeler la pauvreté et l'humilité évangélique : ils ne devaient avoir de supériorité, que la science et le dévoûment, ne posséder rien en propre, ne vivre que d'aumônes. Les moines mendiants devinrent pour l'hérésie une milice redoutable, toute sortie du peuple, toujours mêlée à lui, parlant son langage, mangeant son pain noir, portant son vêtement grossier.

Nous n'avons point mission de pénétrer dans l'histoire de cette guerre contre les Albigeois, pour y chercher les faits d'un zèle indiscret, et condamner ce que nous préférons taire. Mais, dans ces luttes religieuses, nous ne trouvons pas une accusation vraie ou fausse contre les Bernardins, contre les enfants de saint Benoit, c'est ici la seule chose qu'il nous importait de consigner.

Quoi qu'il en soit des opinions émises sur l'origine des Franciscains et des Dominicains, Grégoire IX ne les a fondés que parce que cet illustre patriarche de l'Eglise savait que l'hérésie s'engendre dans l'orgueil, dans l'amour des richesses, dans l'esprit d'indépendance, de liberté qui ne sait ni frein, ni raison. Il montrait au peuple, dans ces hommes de science et de savoir, la pauvreté, la soumission et l'humilité en Dieu.

Nous étions en 1240, sous le roi Louis IX, dont la popularité égalait la sagesse et la sainteté ; c'était le seul homme qui avait conservé les passions héroïques du moyen-âge; aussi la dague au point, le signe du Christ sur la poitrine, et l'étendard des croisés à la main, il guerroyait en noble chevalier, en preux chrétien, sur cette terre de la rédemption, qu'il espérait arracher aux infidèles, à la puissance des Sarrasins, à ces fils de Mahomet.

Le Pape Honorius III étendait encore sa main sur les moines d'Occident. La cupidité des grands et la violence des petits portait le trouble dans leurs murs, appauvrissait leur institution sainte ; le Souverain voulut que leurs jardins mêmes, leurs poissons des étangs comme les bêtes de leurs étables, fussent exemptés de la dîme. Il leur donna les Statuts les plus larges, les protections les plus étendues, contre toute atteinte des laïcs, des clercs et des évêques mêmes. Mais malheureusement la puissance temporelle des Papes s'affaiblissait, le saint roi contribua lui-même à cette décadence, en donnant sa pragmatique sanction, dont le texte obscur et par trop vague fut torturé, commenté par les légistes qui, au gré de leur haine et de leurs passions, lui firent exprimer tout ce qu'ils voulurent ; cet acte de la royauté devint un arsenal inépuisable contre Rome. Le Parlement, la Sorbonne et l'Université, qui détestaient les religieux, se mirent à saper les bases du pouvoir temporel des Papes.

La royauté de France, dans Philippe IV, se fit l'ennemi du père des chrétiens, et dans une querelle fameuse apprit à son peuple à ne plus s'incliner devant ses décrets naguère encore si redoutés. Un de ses lieutenants, Guillaume de Nogaret, avec Sciarra Colona, partent pour Anagni, le séjour du Pape Boniface ; recrutent des aventuriers, enfoncent les portes de son palais aux cris de

Vive le Roi , meure le Pape. Ce vieillard à quatre-vingt-
six ans, revêt ses habits pontificaux, couronne sa tête
de la tiare, prend en main les clefs de saint Pierre et la
croix du maître, s'assied plein de calme et de majesté
sur les marches de l'autel ; c'est là qu'il attend les
conjurés. — Voilà mon cou, voilà ma tête, dit le Pontife,
trahi comme Jésus-Christ, mais prêt à mourir, du moins
je mourrai Pape. Colonna, comme un furieux, se jette
sur lui, et le frappe de son gant.

Le monde fut saisi d'horreur, mais personne ne remua ;
le mal était fait, l'œuvre si magnifique de Grégoire VII
recevait une atteinte mortelle. La papauté, comme puissance temporelle, perdait sa force et son prestige, elle
qui avait enfanté la civilisation , créé la société ; elle
qui, par ses principes, avait été le lien, la cause de tous
les progrès de la France, de l'Occident tout entier. Les
enfants de saint Benoit voyaient pâlir la force sacrée qui
avait ramené dans leurs cloîtres la pratique des vertus
monastiques , et qui avait couvert de son égide respectée
leurs humbles toits. La foi n'en fut point ébranlée, l'autorité
du Saint-Siége demeura entière , et si les peuples ne relevèrent point , il est vrai, cette couronne que Charlemagne
avait mis au front des Pontifes , ils n'en conservèrent pas
moins pour eux le respect et l'amour de fils chrétiens
(1304). Ce même roi fait condamner et brûler les Templiers, ces défenseurs du Saint-Sépulcre, ces religieux
qui étaient nés avec les croisades : milice dévouée à
l'Eglise pour laquelle elle versait son sang depuis deux
siècles, et qui combattait pour le Saint-Siége contre les
usurpations de Philippe IV. Mais c'était aussi la société
religieuse la plus riche de l'Europe ; cette richesse fut

son crime et décida sa condamnation. Le roi avait besoin d'argent (1314).

A ces maux déjà si grands pour la société religieuse, vinrent s'en ajouter d'autres encore. Le luxe se glissait partout, jusque dans le clergé ; on revenait à ces jours de richesse qui avilit l'âme et perd le cœur ; les Franciscains criaient à l'oubli de la pauvreté évangélique, mais leur voix se perdait dans le désert et la guerre des Anglais venait fondre sur la France. Pendant le XIVe et le XVe siècles que dure cette guerre étrangère, c'est un temps, dit M. Guizot, sans caractère, un temps où la confusion va croissante, sans en apercevoir les causes ; époque de mouvement sans direction, d'agitation sans résultat, royauté, noblesse, clergé, bourgeoisie, tous les éléments de l'ordre social semblent tourner dans le même cercle, également incapables de progrès et de repos. On fait des tentatives de toutes sortes, tout échoue ; on tente même des réformes religieuses, rien ne se fait, rien n'aboutit. Si jamais le genre humain a paru voué à une destinée agitée et pourtant stationnaire, à un travail sans relâche et pourtant stérile, c'est bien à cette époque de l'histoire.

Le règne temporel de saint Pierre était passé ; Innocent III n'avait-il donc pas raison lorsqu'il disait : la gloire et la prospérité de l'Eglise assurent la gloire et la prospérité des Etats. La France expiait, dans le trouble et la peine, son crime de lès-papauté.

Voici le tableau de la guerre des Anglais tracé par M. Gaillardin ; ces malheurs arrêtèrent la prospérité de l'Ordre de saint Benoît. Le XIVe siècle, douloureuse époque de notre histoire, ne fut pas moins funeste aux monastères qu'aux rois, aux seigneurs, aux villes et aux campagnes. Nulle paix, nulle sécurité, nul respect des choses divines et humaines, la peste et les Anglais vainqueurs, avaient étendu partout leurs ravages. Malheur aux religieux qui avaient choisi, comme les Bernardins, des solitudes profondes, loin des villes et des moyens de défense, dans l'espoir d'échapper aux rapines ou à la curiosité. Il n'y avait pas de route introuvable, pas de retraite inaccessible, pour les gascons et les malandrins ; il fallait tout livrer aux pillards, même les vases sacrés ; souvent il fallait fuir, chercher un asile dans le monde, vivre parmi les séculiers, et attendre, dans le trouble, le retour de la paix et de la sécurité. Encore ces fugitifs, rendus plus fervents par le malheur, avaient pu s'isoler au milieu du bruit, et se faire de leur propre cœur un monastère inaccessible à la force brutale qui ne peut rien sur les âmes.

Aussi comment résister à tant d'éléments de décomposition et de relàchement ! Ces religieux, ces hommes de cloîtres eussent-ils la vertu des anges, jetés dans le monde au milieu des guerres et de la corruption, devaient oublier leur ferveur passée et la règle du monastère : la pénitence exige une grande force d'âme et de caractère, l'habitude de se vaincre ; aussi n'obtient-on ce résultat si difficile que dans le repos de l'esprit et le calme de la solitude. Le chapitre général de 1360, dans son affliction profonde dit : les monastères de notre Ordre sont si horriblement déréglés et comme anéantis, tant au spirituel qu'au temporel, qu'il n'y reste plus aucune forme de religion, ni même aucun vestige de vie honnête et réglée. Les fondateurs voyant que le service divin y est abandonné, et qu'il ne s'y observe plus ni règle ni discipline, choisissent d'autres lieux pour leur sépulture et enlèvent les ossements de leurs ancêtres.

Il n'y avait rien là qui ne s'expliquât aisément : il n'y avait plus de moines ou presque plus ; il n'y avait que des hommes qui, mêlés au monde, en avaient les habitudes et les vices.

Enfin arrive Luther. Rome voyait quelquefois entrer dans ses murs des moines d'Allemagne ou des contrées du Nord, qui venaient pleins de foi et d'espérance visiter la cité éternelle, la ville des apôtres. A cette époque malheureusement la pensée chrétienne s'était altérée à sa source, s'était évanouie, sous les pompes de la renaissance, dans une sorte d'évocation universelle de la beauté et du génie. Statues, tableaux, poëtes, artistes, tous reproduisaient la Rome de Virgile et d'Auguste.

C'est dans ces jours d'oubli que le ciel irrité permit à l'enfer de vomir un de ces hommes qui sont trop souvent le fléau de l'espèce humaine ; nous étions en 1510, un de ces moines visiteurs de Rome qui était né en Saxe, à Lisleben, le 10 novembre 1483 était alors à Rome. Léon X achevait l'église de Saint-Pierre, commencée par Jules II sur les débris de l'antique basilique des apôtres, c'était un magnifique monument qui devait effacer tous ceux dont s'énorgueillissait l'Europe ; la France avait pour roi, pour souverain, François Ier. C'est dans ce moment au milieu de la sécurité des chefs de l'Eglise et des nations, que ce moine orgueilleux jeta son cri de guerre, de révolte et de liberté, que tous les échos du monde répétèrent avec effroi, et dont le bruit est venu jusqu'à nous. Il creusait l'abime où il voulait enterrer la foi de nos pères, cette foi qui a porté partout la lumière et la vie, à qui nous devons tout, unité sociale, arts et industrie, tout ce que nous possédons. L'instrument de ce philosophe démolisseur, était le libre examen. Luther, dit un auteur de notre époque, fondait la liberté en pratique il la niait en théorie : esprit plein de contradiction, il faisait appel à l'examen, il immola le libre arbitre à la grâce et la morale au fanatisme. Esprit passionné, injuste et colère, homme de sang et de chair, plein de grossièreté et de véhémence ; il était plutôt révolutionnaire que réformateur, c'était l'insurrection contre le pouvoir, c'était l'étendard de la révolte que soulevait son orgueil.

Mais les doctrines subversives de la foi et de l'ordre portèrent d'horribles fruits ; le luthérianisme pénétra dans les parties les plus vivantes de la société religieuse ; Luther venait jeter d'éternels ferments de désordre, il venait asseoir la pierre angulaire de la révolution française. La conséquence inévitable du libre examen était le *rationalisme*, où s'est laissé fatalement entraîner le protestantisme. En Suède, en Danemark, on renversa les rois, on distribua le bien des religieux à une soldatesque effrénée; en Angleterre, Henri VIII qui tout d'abord avait combattu Luther et qui avait reçu le titre de défenseur de la foi, arrache l'Angleterre à l'Eglise romaine, afin de répudier Catherine d'Aragon, sa femme, et d'épouser en dépit de la sagesse et des foudres de Rome, Anne de Baleyn, sa maîtresse : il s'empara des biens ecclésiastiques, dont il gorgea ses trésors; un jour il porta le cynisme jusqu'à donner un monastère à son cuisinier pour un bon plat qu'il avait savoureusement préparé (1533). Partout ce fut la sécularisation des biens ecclésiastiques, c'était une époque de deuil et de désolation.

Calvin vint tout à propos achever l'œuvre de Luther, si pernicieuse déjà. Né à Noyon en 1509, il publia à Bâle, en 1535, un ouvrage qu'il dédia à François Ier, et qui avait pour titre de *l'Institution Chrétienne*. Il établit pour base de la croyance religieuse l'inspiration intérieure, fonda la justification de l'homme exclusivement sur les mérites de Jésus-Christ, *sans que les œuvres y eussent aucune part :* rejeta tout, ne garda que le baptême et la scène ; cet homme aux mœurs austères et cruelles, au langage plein de fiel, dit M. Lavallée, s'établit à Génève dont il fit la Rome du calvinisme.

Voilà sous quelles influences anticatholiques étaient placés nos pères (1547) ; mais le pape Paul III, âme grande et superbe, intelligence pleine de science et de sagesse, court à la brèche pour sauver la foi dont Dieu lui avait confié le dépôt sacré. Il arrête les progrès de l'hérésie, et rend à Rome cette autorité qu'on s'efforce de saper, et qui ne périra pas, Dieu lui même l'a dit. Il réforma les abus, abolit les impôts levés sur les fidèles, ramena les ordres mendiants à l'esprit de leur institution. Les enfants de saint Benoît se remirent un peu sous ce pontife, de tous les malheurs qui avaient fondus sur eux.

Mais la digue principale que Paul III opposa au torrent de l'hérésie, fut l'Ordre des Jésuites. Ignace de Loyola, gentilhomme de Guipuzcoa en fut le fondateur, il avait cet esprit chevaleresque qui s'était conservé en Espagne, alors que les Français l'avaient depuis longtemps oublié. Ignace était un noble seigneur, plein de foi et d'amour de Dieu, son ordre était un ordre de chevalerie chrétienne destiné à la défense de la croyance catholique. A l'esprit de révolte qui animait toute l'Europe, il opposait l'obéis-

sance absolue : à l'esprit d'examen, l'abnégation complète ;
à l'anarchie du protestantisme, une hiérarchie inflexible.
La foi est attaquée partout dans les palais, chez les
nobles, dans la magistrature, comme dans le peuple ;
ces soldats de l'Eglise iront partout, combattant et ins-
truisant. L'incrédulité ne leur pardonnera pas, car ils
seront ses plus rudes adversaires, ses ennemis les plus
implacables. Mais peu leur importe, pourvu que la cause
de Dieu triomphe. Une telle association de science et de
travail ; de persuasion, de pompe et de mortification ; de
propagation et d'unité, dit Ranke, n'a jamais existé avant
eux dans le monde. Cette croisade contre l'hérésie préparait
des jours meilleurs à l'ordre de saint Benoit, à cet ordre si
saint dans ses instituts, qui devait être comme le sanctuaire de la foi ; comme l'arche sainte qui devait en conserver précieusement la lettre et l'esprit.

Paul acheva son œuvre de restauration par la convo-
cation du Concile Universel qui se réunit à Trente le
13 décembre 1545, les luthériens refusèrent d'y assister :
on y confirma solennellement les dogmes révoqués en
doute par les protestants ; on reconnut que l'Ecriture
Sainte ne pouvait être interprétée que par l'Eglise : que
la tradition non écrite, propagée par les apôtres sous
l'inspiration de l'Esprit-Saint devait servir de règle à la
foi, aussi bien que l'Ecriture, que la Vulgate qui était la
traduction authentique du livre saint. On déclara les
sacrements nécessaires pour aider la justification de
l'homme dans tous les actes de la vie. Dès lors il n'y avait
plus de place pour la controverse, les esprits incertains
durent se prononcer.

Paul IV, son successeur, abandonnant toute pensée

temporelle, travaillait à rétablir l'Eglise dans sa pureté primitive avec une énergie infatigable (1560). Mais avant que les monastères de France pussent jouir de cette restauration religieuse et vivre en paix sous les inspirations de leur fondateur, il leur fallait traverser de rudes jours d'épreuves. Luther et Calvin avaient allumé une guerre de haine et d'extermination, leurs disciples portaient partout leurs torches incendiaires et sous le voile de la religion, dit de Thou, ils semaient la haine, la vengeance, le massacre et l'incendie.

Dans le midi, il n'y a pas de ville, pas de village qui n'ait eu sa bataille et son siége, c'est là que les luthériens s'en donnèrent à pleine joie sur les églises, les reliques et les statues des saints. Au rapport de Castelnau les monastères étaient détruits, les religieux chassés, les religieuses flétries ; à Montpellier on détruisit en quatre jours vingt-six églises et couvents. Ces scènes se reproduisirent partout ; il y a deux partis en France, celui de la foi et de l'hérésie, armés l'un contre l'autre, ils se battent sans pitié ni merci, usent d'horribles représailles et les monastères tombent presque tous sous les coups de Coligny et du prince calviniste.

L'hérésie était prêchée depuis longtemps à Paris, mais la Bretagne ne comptait encore aucun adhérent à la nouvelle secte, lorsqu'un de ses plus fervents adeptes, le sieur d'Andelot de Colligny, frère de l'amiral du même nom et connétable de Montmorency, fit un voyage dans le vieux pays de Bretagne en 1558; brave, ardent, et aventureux, d'Andelot ajoutait à ces qualités pour séduire les Bretons, l'honneur d'avoir pour femme, l'une des plus riches héritières du duché, Claudine de Rieux, il avait amené avec lui Jean Carmel, surnommé Fleury, qui avait été envoyé de Neuchatel à Paris pour y fonder la première église de la réforme.

Fleury s'en allait prêchant sa doctrine sans que personne osât s'y opposer, il vint à Nantes ; la noblesse se laissa d'autant plus facilement prendre qu'elle se sentait entrainée par la vicomtesse de Rohan, Isabelle d'Albret, qui s'était faite huguenote à la cour de Navarre.

La vicomtesse de Rohan, habitait son château de Blain qui devint comme le quartier général, la première église du protestantisme en Bretagne, bientôt les calvinistes portèrent l'audace jusqu'à établir leur prêche dans l'église catholique de la petite ville du Croisic sur le bord de la mer ; ils en furent chassés par le cardinal Créqui, évêque de Nantes ; ils allèrent se réfugier dans le château de Carheil ; à Guérande, ayant pénétré dans l'église du couvent des Jacobins, ils jetèrent à bas les images de saint Fiacre et de saint Martin, dit une chronique du temps, et ayant pris le blé qui avait été offert sur l'autel le jetèrent aux pourceaux.

L'exaspération et les représailles étaient, dans la Bretagne, portées à leurs dernières limites. Les calvinistes, réunis à Blain, au nombre de huit cents, résolurent de s'emparer de Nantes, pour en faire la capitale de la France calviniste ; cette décision avait été prise à la suite d'une célébration de la scène *à la mode huguenote*.

Immédiatement on expulsa de la ville tous les habitants entachés de calvinisme. Les luthériens s'étaient emparés de Tiffauges et de Montaigu, d'où ils sortaient pour ravager le pays, piller et renverser les couvents. Ancenis, Châteaubriant furent aussi soumis à leur exaction. Le monastère de Meilleraie eut cruellement à souffrir de ces soldats hérétiques, qui chassèrent ses moines, et enlevèrent tout ce qu'ils purent emporter ; les Trappistes s'étaient réfugiés à Nantes, dont les habitants étaient restés fidèles à la foi chrétienne, à l'autorité du Saint-Siége. Les calvinistes pénétrèrent aussi dans le couvent des Couëts, sur le bord de la Loire. Les pauvres religieuses qu'ils avaient lâchement souillées, vinrent abriter leur faiblesse à Nantes, emportant avec elles, le le corps vénéré de sainte Françoise d'Amboise qu'elles gardaient comme la plus chère et la plus précieuse relique du couvent. C'est vers ce temps-là que le roi Charles IX, qui était venu visiter le connétable Anne de Montmorency en son magnifique et redoutable château de Champtoceaux, vint à Nantes, sans y être attendu, recevoir les hommages des autorités de la ville, qu'il venait de nommer.

Les malheurs de ces guerres religieuses, les plus terribles de toutes, durèrent longtemps, semant partout la mort, la souffrance et la misère. Aussi l'illustre guerrier Lanoue-Bras-de-Fer disait en son langage du temps : les guerres civiles sont les boutiques de toutes meschancetez qui font horreur aux gens de bien. Le chancelier l'Hopital en était si effrayé, qu'il répétait sans cesse : ôtons ces mots diaboliques, noms de partis et de séditions, luthériens, huguenots, papistes : ne changeons le' nom de chrétien.

La mort d'Henri III, qui fut regardée comme un bonheur public ; l'avènement de Henri-le-Béarnais qui, de huguenot se fit catholique, qui signa l'édit de Nantes, qui était au sens d'Henri IV le seul moyen de « faire le mariage de la France avec la paix » amenèrent la fin de la guerre de la Ligue et la réconciliation apparente des partis qui composaient ce grand peuple de France (1598).

La maison de Bourbon va prendre la prépondérance en Europe ; le grand roi Henri IV inaugure une ère nouvelle.

Le XVIe siècle, si plein de souffrance et de grandeur, a fait faire un pas immense à la France ; de nouveaux horizons s'ouvrent pour elle, avec la dynastie des Bourbons : c'est le temps où la nation et le pouvoir vont se centraliser.

Cependant ces guerres, enfantées par Luther et Calvin, par l'hérésie, par l'esprit de libre examen, vont durer encore cinquante ans, car l'édit de Nantes a fait du calvinisme un parti politique qui veut vivre et paraître ; mais ce n'est plus que la parodie des anciennes guerres, c'est la vieille société qui exhale son dernier soupir.

Sully, Richelieu et Mazarin, vont faire de la monarchie une royauté absolue ; tout ce qui va gêner sa marche et ses progrès va tomber : la prospérité au-dedans, la grandeur au-dehors légitimera l'immense autorité de Louis XIV.

A l'ombre de cette puissance, Dieu va retrouver ses temples et ses autels, la pénitence pourra recouvrer ses cloîtres ; le calme du moins renaîtra dans ces asiles de la solitude et de la prière ; mais toutes ces guerres, ces attaques de la foi, ont creusé des abîmes profonds ; de pieux réformateurs vont jeter le cri d'alarme et de ralliement autour de l'étendard de saint Benoît : il y a de grands maux à réparer, l'œuvre de restauration sera lente.

et pénible, mais de cette épreuve que Dieu semble lui
avoir envoyée, l'ordre sortira plus fort, plus résolu, plus
austère que jamais.

Ces guerres religieuses, ce schisme luthérien n'était
pas le seul ennemi acharné à la perte des moines.
Il en est un autre qui leur a survécu et qui était d'autant
plus redoutable, qu'il avait son existence dans les communautés ; c'était comme un ver rongeur caché sous
l'écorce du chêne, ce sont les commendes.

Les commendes, dit le dictionnaire de Trévoux, étaient
dans l'origine le dépôt, la garde, le régime, l'administration des revenus qu'on donnait à un séculier pour en
jouir par économat pendant six mois, ou à un évêque
pour faire les fonctions pastorales, en attendant qu'on
eût pourvu à un titulaire. Ainsi, dit M. Gaillardin, c'était
par exemple confier un abbaye à un évêque ou à un
clerc séculier, quelquefois même à un laïque, pour y
mettre la réforme, réorganiser l'administration ou sur-
veiller l'emploi des revenus.

Les abbés réguliers, au milieu des guerres de la
féodalité, sans cesse agités, sans cesse en contact
avec le monde, avaient pris des habitudes de luxe et
de plaisirs onéreux. Aussi les Papes, au XIIIe siècle,
donnèrent un grand nombre d'abbayes en commendes ;
mais les commendataires, dit encore le même historien,
évêques, magistrats ou seigneurs, au lieu d'être des
économes fidèles, s'approprièrent une partie des biens
qu'ils devaient conserver aux moines : comme ils n'é-
taient pas religieux, comme ils ne résidaient pas dans
les abbayes, ils ne mirent pas plus d'ordre dans les choses
spirituelles que dans les choses temporelles. Les rois et

les grands encouragèrent ce système déplorable, qui suppléait à l'épuisement de leurs finances, et leur permettait d'enrichir, sans rien débourser, leurs serviteurs dévoués, ou les cadets de la noblesse qui entraient dans le clergé. Au XVIe siècle, le mal fut porté au comble par le concordat de 1516, le roi fut investi de nommer aux évêchés et aux abbayes, c'est-à-dire de disposer à son gré des biens ecclésiastiques.

Sous les derniers rois de la monarchie, les abbés commandataires étaient des séculiers tonsurés ou destinés à recevoir les Ordres, dans lesquels ils n'entraient jamais, ce qui ne les empêchait cependant pas de jouir pendant toute leur vie des revenus de l'abbaye qu'ils avaient en commande. Ne pouvant exercer aucune fonction spirituelle, ils étaient remplacés par un prieur claustral qui était nécessairement régulier. Le commendataire faisait trois parts des revenus de son abbaye : l'une était pour les moines, la seconde pour lui, la troisième pour l'entretien et les charges du couvent ; mais cet abbé séculier, n'ayant aucun contrôle administratif, s'adjugeait cette dernière partie pour ses propres besoins.

L'almanach royal de 1787 compte six cent quarante-neuf abbayes en commende ; leurs revenus étaient de 2,000 livres, de 16,000 livres, quelques-unes atteignaient même 50,000 livres de revenus.

Ainsi le fruit du travail et de la pénitence devenait le prix de l'intrigue ou de faveur qu'on n'osait avouer : ces abbés commendataires, non-seulement étaient une autorité sans puissance pour les couvents, mais ils étaient par leur luxe et leur vie déréglée un exemple contagieux. Sous Louis XV surtout, où l'on ne rêvait que fêtes et plaisirs, où l'argent qui les donne était l'unique ambition, l'horizon se couvrait de nuages, tout présageait une horrible tempête ; oubliant Dieu et ses espérances, on ne songeait qu'au temps présent, à ses joies et à ses folies, qui étaient sans frein et sans retenue ; la démoralisation était arrivée à des limites extrêmes.

Voltaire, qui trônait en maître au milieu de l'école philosophique du XVIIIe siècle, sur le piédestal que lui avaient élevé ses œuvres, jetait à la religion, aux choses les plus sacrées, au vieux monde comme il le disait, l'outrage et le mensonge ; il attaquait le christianisme, dont la croix, ce signe de la vie, s'élevait glorieusement sur la civilisation qu'elle avait créée. Il se riait des moines qui sont les véritables restaurateurs des sciences et des lettres, les fondateurs des arts en France. La chaire ne retentissait que faiblement des dogmes et des vérités évangéliques : on remplaçait la foi par la morale vulgaire, la vérité par la justice sociale, la loi de Dieu par le droit du peuple (1743).

Il n'y avait plus rien de noble et d'élevé, plus rien de chevaleresque, tout avait disparu jusqu'à l'ombre de Grégoire VII, c'était le cahos. Enfin Dieu, lassé de tant d'oubli et de misères, laissa échapper de ses mains les foudres de sa colère (1789). L'orage que la main si généreuse du roi martyr avait été impuissante à dissiper, éclata sur la patrie de saint Louis : la société croula immédiatement de fond en comble au milieu d'un épouvantable fracas ; les hommes ne semblaient plus se reconnaître dans cette terrible catastrophe, dans ce déluge de ruines ; révolution inouïe dans les fastes de l'histoire ; elle renversait un ordre social établi depuis huit

siècles, remuait hommes et choses, religion et richesses,
institutions et propriétés, changeait même les passions,
l'esprit et le caractère de la nation. C'était une lutte
d'autant plus terrible, que la direction en fut entièrement
abandonnée au peuple.

La crise financière devenait effrayante, les impôts ne
rentraient pas, et la hideuse banqueroute, disait Mira-
beau, est prête à nous dévorer; il fallait faire vivre la
révolution, il lui fallait des voies extraordinaires. Tal-
leyrand de Périgord proposa et fit accepter la vente des
biens ecclésiastiques, avec charge pour l'Etat de subvenir
aux besoins du clergé.

Le 13 février 1790, la révolution qui avait déclaré
que la constitution était basée sur l'égalité évangélique,
et réalisait la pensée de Jésus-Christ, refusa de recon-
naitre le catholicisme comme religion de l'Etat; abolit
les vœux monastiques, supprima tous les Ordres et
Congrégations, excepté ceux qui étaient chargés du sou-
lagement des pauvres et des malheureux, et jeta ainsi
dans le monde, avec une chétive pension, des hommes
qui ne pouvaient y être que déplacés.

Nous trouvons, disons-le bien haut pour être entendu,
nous trouvons dans ces jours où les démolisseurs de l'ordre
social sont à l'œuvre, sapent tout, ne respectant rien,
dans ces jours où la société s'abime dans l'anarchie et le
cahos, au milieu d'une foule ivre de délire et de cynisme
impie, les témoignages du plus vif attachement, de l'es-
time la moins suspecte de la part des autorités mêmes.

L'assemblée constituante hésita à frapper, mais sur
la pente de la destruction on ne s'arrête pas aisément,
les enfants de saint Benoit contre toute raison, contre

tout intérêt furent sacrifiés ; et pour nous servir de la délicieuse pensée de **M. de Gaillardin**, tandis que tout périt autour d'elle, rois, noblesse, clergé, Dieu prenant cette famille de moines demeurés fidèles, sur ses ailes, l'enlève du milieu des iniquités et par-dessus les orages populaires et le tourbillon de l'impiété triomphante ; il la porte paisiblement au sein des montagnes hospitalières et la dépose comme un trésor de grand prix et lui dit : comme au premier homme, « croissez et multipliez » ne cherchons plus les fils de la prière de la pénitence sur le sol de la France, ils sont proscrits, et vont loin de la patrie, chercher sur des rives lointaines la terre où ils pourront reposer leur misère et leur piété, trouver un abri, un refuge contre la persécution des enfants d'Assur déchaînéscontre eux.

Dieu est impénétrable dans les décrets de sa providence, il mène l'homme par les sentiers qu'il lui a tracés ; qu'il soit béni, mille fois, car de cette tourmente révolutionnaire, les bernardins sont sortis libres de tout entrave : les dîmes, les bénéfices, les commendes, ces fléaux du cloître, ces maux d'un autre âge sont tombés pour ne plus se relever, les monastères vivent sous la loi commune, protégés par elle, sans autre charge que celles qui pèsent sur les autres citoyens. Il n'est pas jusqu'à l'abolition séculière des vœux monastiques qui ne soit devenue un bienfait, Dieu a tiré le bien du mal ; que la société dans d'autres temps se fit gardienne des serments prononcés dans les cloîtres, ce pouvait être une nécessité nous n'avons pas à juger son mérite et son opportunité, mais dans notre siècle, où toute contrainte sage ou non est un crime, un attentat à la liberté, il n'y avait que Dieu et la conscience qui pussent recevoir les vœux monastiques, qui aient mission de les lier et de les garder. Aujourd'hui le moine est libre, les murs de son monastère, ne sont point des barrières d'airain, sourdes à ses désirs d'indépendance ; s'il veut redevenir ce qu'il était, l'autel témoin de ses serments, pourra bien lui mettre au front la marque du sacrilége, lui reprocher la foi jurée, mais la loi le protége, la société lui ouvre ses rangs et l'accueille sans châtiment ni flétrissure.

Les monastères ne peuvent plus être comme le disaient les philosophes impies au dix-huitième siècle, des bagnes dont les vœux étaient les chaines rivées à perpétuité et dont les lois étaient les gardes chiourmes. Ce sont aujourd'hui autant de petites républiques, de monarchies constitutionnelles, nous dirions de phalanstères catholiques, si ce mot ne représentait dans la mains des utopistes de notre temps de ridicules et decevantes créations.

L'homme du monde n'est entré dans cette association qu'après en avoir connu les lois et les charges, il a dû les méditer longtemps les bien réfléchir ; et avant de décider son incorporation dans cette famille monastique on lui fait faire un long apprentissage de cette règle, on ne lui dissimule ni les peines, ni les difficultés.

Aussi aujourd'hui, cet ordre, est ce qu'il était autrefois au Mont-Cassin sous le bâton pastoral de saint Benoît, il a toute la sainteté, toute la régularité monastique instituées par son fondateur, le Trappiste fait pénitence dans de dures et productifs travaux.

A la rentrée des anciens rois de France, les moines revinrent de l'exil comme leur princes, rachetèrent à bons deniers comptants avec les aumônes des chrétiens et de leurs amis, les monastères, qui étaient encore aux mains des acquéreurs des biens nationaux ; ils devinrent propriétaires, vivant en famille dans les terres qu'ils avaient bien et dûment achetées, et qu'on ne pouvait leur ravir sans forfaire à toutes les lois qui régissent la propriété.

A la révolution de Juillet l'ère des persécutions qui semblait à jamais fermée, parut vouloir se rouvrir ; nous l'avons dit ailleurs. La rivalité jalouse, une industrie qui se faisait étroite et tracassière, l'impiété qui fermentait aux cœurs de leurs ennemis, crurent l'heure de la destruction et de la vengeance venue, on tourmenta les monastères, et ce qu'on n'avait pas fait au temps de saint Bernard, alors que Clervaux était un vaste atelier, à cette époque de civilisation si imparfaite, on l'a fait au XVIIIe siècle.

Les dénonciations, ces lâchetés qui ne sont point dans les habitudes et la loyauté du caractère français, furent lancées dans l'ombre contre ces maisons, qui ne peuvent et ne doivent s'occuper jamais des affaires du siècle, des choses politiques ; les moines s'inclinèrent devant l'autorité temporelle et courbèrent le front devant les événements baisant la main qui les amène.

Un ministre célèbre qui est mort à la peine et dont la France conserve encore le souvenir, Casimir Périer, trompé, surpris dans sa religion administrative, donna des ordres sévères, qu'il se serait hâté de retirer si ces anachorètes qui ne rêvaient que le calme et l'isolement, en avaient appelé du ministre abusé, au ministre mieux informé.

Car à quelques années de là en 1843, ce même gouvernement étonné des vertus et de la science agricole des moines, s'empressa de les appeler en Algérie, pour les associer à son œuvre de colonisation, pour asseoir sur des rives lointaines une civilisation durable, un avenir indestructible, ils obéirent ; n'était-ce pas se venger dignement de la calomnie, de la haine qui s'était armée contre eux.

Mais l'orage des jours de 1830 se dissipa, le ciel se fit pur et le calme revint dans les cloîtres de la pénitence. Il n'en sortira plus, c'est l'espérance des moines, de ces fils de la retraite et de la prière.

Aujourd'hui les Trappistes ne sont plus ces hommes qu'on injuriait autrefois, parce que leurs vertus étaient la condamnation tacite de nos faiblesses et des vices du monde : on abaisse, on dénigre si facilement ce qu'on ne peut imiter.

Les travailleurs monastiques sont les amis des ouvriers des villes ; comment ne le seraient-ils pas ? ils aident l'agriculture à remplir ses greniers, à pourvoir au pain qu'elle échange chaque jour contre l'argent que donne l'industrie. Ne sont-ce pas aussi leurs champs qui, arrosés de leur sueur, adoucissent les rigueurs de la disette.

Les Trappistes sont partout à la tête du mouvement agricole. Ils entraînent les travailleurs dans les voies du progrès, sur le chemin de l'avenir. Leur activité, leurs études expérimentales, leur soif du bien les font bénir de ces populations laborieuses.

On les arrache de leurs cloîtres, pour les conduire dans les comices agricoles, que souvent ils président, que toujours ils éclairent de leur savoir et de leur expérience.

Cet hommage tardivement rendu à ces nobles, à ces modestes agriculteurs est le fruit de la persévérance, des sacrifices que ces fils de saint Benoît recueillent enfin à la gloire de Dieu : c'est l'ère de la reconnaissance qui commence.

Maintenant que nous avons esquissé à longs traits, les influences historiques au milieu desquelles ont vécu les religieux, maintenant que nous avons donné rapidement un aperçu de la scène politique sur laquelle se sont trouvés jetés les moines qui fuyaient le monde et ses agitations : nous pouvons, sans nous exposer à des redites fastidieuses continuer l'histoire de l'ordre de saint Benoît, il nous sera facile de voir se dérouler les événements, et de les rattacher aux faits qui ont remué la société : chaque chose se classera plus aisément dans la mémoire, étant dans l'esprit plus net et mieux compris, c'est le seul but que nous nous sommes proposé, en donnant cette forme à notre travail. Saint Benoît venait de descendre dans la tombe il y reposait dans les murs du Mont-Cassin : déjà ses ouvriers apostoliques étaient répandus dans le monde prêchant sa règle, et rappelant les peuples et les religieux, à la pratique sévère des vertus monastiques. Lorsque saint Maur le disciple aimé de saint Benoît. vint dans les Gaules apporter la règle et les enseignements du maitre, notre pays, comme disait Châteaubriand, était envahi par l'Hérule aux joues verdâtres, le Saxon aux yeux d'azur, le Sicambre aux cheveux épaissis, par le Bourguignon géant de six pieds, le Suède, le Sarmate et le Gépide. Tout est mêlé, hommes, habitudes, vêtements, les anneaux de fer, les peaux de bêtes, les tuniques étroites, les corps velus et tatoués, les casques de têtes de loup, les soies bigarrées ; haches, frondes, crochets, massues, filets de cuir, flèches armées d'os pointus : les uns anthropophages et se parant de la peau des vaincus ; les autres adorant des épées et des monstres ; ceux-là à cheval sur des rennes ; ceux-ci en barques, en chariot. Ce qu'ils avaient de commun c'était le mépris de la vie, la soif du sang et la fureur de détruire.

C'est dans un pareil temps et au milieu d'une semblable agglomération d'individus que saint Maur, vint vers le commencement du VIe siècle sur les bords de la Loire fonder un monastère de l'ordre du Mont-Cassin. Ce lieu se nommait alors Glanfeuil, il a pris depuis le nom de saint Maur-sur-Loire. Ce serait une grave erreur de croire qu'avant saint Benoît il n'existait pas de solitaires, d'anachorètes, de pieux ermites ; saint Antoine-le-Grand génie d'un profond savoir et d'une grande pénétration d'esprit, après avoir vendu en 275 tous ses biens et les avoir donnés aux pauvres était allé s'enfermer dans les déserts où il mourut à un âge fort avancé ; il avait donné en Orient le goût de la retraite et de la solitude : un grand nombre de disciples vinrent s'édifier de ses exemples et s'instruire de ses enseignements.

Dans les Gaules avant la venue de saint Maur, il y avait aussi des moines. Ainsi saint Martin avait fondé en 470, près de Tours sa ville épiscopale, le couvent de Marmoutiers. Il était d'une beauté, d'une architecture des plus remarquables, des plus admirées. Il ne reste plus de cette abbaye qu'un escalier à sept rampes et à deux étages ; on prétend même que les Anglais viennent d'acheter cette précieuse relique, pour la porter en Angleterre. Les plus anciens monastères de la Gaule furent celui de Marmoutiers et celui de Ligugé, près de Poitiers, qui est occupé aujourd'hui par les bénédictins de la célèbre filiation de Solesmes, que dom Guéranger savant de haute distinction vient de faire revivre en France, et enfin le monastère de l'île de Lérins qui devint le plus célèbre par les saints, les savants, et les martyrs qu'il produisit. C'est cette île qui depuis a servi de prison mystérieuse à ce personnage contesté, dont Voltaire a parlé le premier, et qui sous un masque de fer, cachait un personnage d'illustre lignée, qui né le 8 septembre 1638 serait mort dans un noir cachot de la Bastille le 19 novembre 1703.

Sous la protection de saint Martin, de saint Ambroise, cette lumière de l'église d'Occident, et de saint Augustin, ce rude athlète qui battit les Manichéens, les Donatistes et les Pélagiens, les moines du quatrième et du cinquième siècle vécurent malgré les persécutions auxquelles ils étaient en butte dans ces temps là. Aux solitaires contemplatifs stationnaires et extravagants de l'Orient, succédèrent les communautés travailleuses intellectuelles et réglées de l'Occident. Elles remplacèrent les écoles impériales dont les enseignements et les professeurs étaient païens et devinrent les écoles du christianisme. Ces monastères furent l'asile de l'esprit humain, qui, proscrit de la société par les désastres de l'empire, ne trouva plus à méditer en sûreté qu'à l'abri des autels.

Mais dans le VIe siècle, lorsque saint Maur vint en France ; à cette époque ou il n'y avait plus ni loi à réclamer, ni magistrats à invoquer, et pour sa vie nulle part sûreté et protection ; quand vous étiez abandonné à la rage brutale d'un vainqueur qui, battu le lendemain, vous laissait aux mains d'un autre non moins sauvage, non moins barbare, l'église chrétienne trouva des forces nouvelles dans les institutions monastiques qui furent alors regénérées par la règle de saint Benoît.

Cette règle dit un auteur profane, l'une des plus belles conceptions de l'esprit humain fut introduite dans la Gaule en 543 : vers la fin de ce même siècle elle fut adoptée par tous les monastères, et devint leur unique loi pendant près de six cents ans ; par elle les moines d'alors perdirent leur liberté vagabonde, furent astreints à des vœux perpétuels et enchaînés par les principes de l'obéissance passive et de l'abnégation de la volonté individuelle. Ils furent contraints de se livrer non plus seulement à la solitude et à la contemplation, mais à la prédication et au travail des mains. Alors des colonies de moines laboureurs se répandirent partout et importèrent dans les lieux les plus sauvages, l'agriculture et l'évangile, ils proclamèrent comme les apôtres du Christ l'amour de Dieu et des hommes : jetèrent au milieu de ce monde classé par le glaive et basé sur l'esclavage, le dogme de la paix et de la fraternité universelle. La pauvreté, la faiblesse et la souffrance allaient avoir leur ami, et leur soutien, dans un Dieu de douleur mourant sur une croix ; c'étaient la foi, l'amour et la liberté enseignés par le Dieu du calvaire, que ces moines allaient prêcher : trésor nouveau qui devait régénérer l'homme, changer son cœur et sa raison, et lui donner dans le travail, une vie qu'il avait trouvée jusqu'ici, dans la guerre et le carnage des camps.

Une multitude d'abbayes furent fondées et devinrent

des centres de population et de lumière, des foyers d'activité agricole et commerciale. Des villes considérables se formèrent autour d'eux, leurs fêtes y attirèrent un grand concours de peuple, et furent dit-on l'origine des foires et des marchés.

Les monastères prirent l'aspect animé de fermes, de manufactures, d'écoles et de cités, tant il y avait d'activité et de mouvement ; ils se gouvernaient eux-mêmes, ils se remplirent également de Francs et de Romains, de riches et de pauvres, mais surtout d'opprimés de tout genre et même d'esclaves rachetés.

Lorsque les mains des peuples, déshabitués du manche de la charrue, ne tiennent plus que la framée et la torche, on voit les enfants de saint Benoît dessécher les marais, défricher les forêts et les landes, cultiver les champs, ouvrir leurs portes aux populations éplorées qui fuient les conquérants de toute race et qui envahissent tout. La vie monastique devint la vie chrétienne par excellence, et en même temps l'état social qui offrit le plus de sécurité.

Les couvents de saint Benoît étaient les seuls lieux de la terre où l'inégalité de race et d'origine disparaissait ; là se réfugiaient la littérature, la musique, l'architecture ; c'est par eux que l'esprit de l'Evangile se conserva, que le travail fut sanctifié par des mains libres, et que l'humanité continua son laborieux développement de civilisation.

Leurs couvents étaient de grandes écoles, leur propriété des centres d'activité qui témoignaient de leur patience, de leur énergie et de la variété de leurs connaissances agricoles. Les moines d'aujourd'hui, ne pourraient-ils pas dire ce que disait Lamennais aux chrétiens indifférents, alors qu'il n'était pas encore l'ange déchu de l'Eglise : « Vous passez sous l'arbre de la religion, vous en détachez les fruits sans vous occuper du tronc qui les donne; vous cherchez même a léser ses racines, à faire dépérir la souche qui 'lui prête la vie. Quelle honte ! quelle ingratitude ! »

Les moines, jusqu'au VIe siècle, époque de l'avènement de la règle de saint Benoît, étaient restés en dehors du clergé, mais bientôt ils se firent presque tous prêtres. Alors les évêques, excités par l'influence immense que ces moines avaient sur le peuple, et par les richesses qu'ils s'étaient acquises par le travail, prétendirent les mettre comme prêtres sous leur juridiction immédiate, et gérer leurs biens comme biens ecclésiastiques.

Ce nouveau clergé, qu'on appela régulier, parce qu'il était soumis à la règle, repoussa, dit M. Guizot, ces injustes prétentions ; et il fallut des traités formels, conclus sous la médiation des rois, pour régler les droits respectifs des moines et des évêques d'alors.

Nous rappelons seulement cette origine de ces bénéfices dont nous avons déjà parlé, afin d'y rattacher cette époque de l'histoire monastique. On se souvient que c'est sous l'autorité du Saint-Siége que les opprimés cherchèrent un refuge et le triomphe de leurs droits.

Ces monastères avaient rapidement pris un bien grand développement, car Châteaubriand, dans ses études historiques, assure que, dès les premiers temps de l'ère monastique, le couvent de Saint-Martin-d'Autun comptait 100,000 menses, comme on dirait aujourd'hui 100,000 feux, ou familles de colons ; celui de Saint-

Riquier, au VIIIe siècle, 2,500 menses. La foi de cette époque était si grande, que les offrandes déposées sur le tombeau de saint Riquier, dit toujours le même auteur, se montaient à deux millions par an.

La fameuse abbaye de Saint-Denis ne suffirait-elle à elle seule pour nous donner une juste idée de l'éclat monastique à ces époques de guerre et de bataille : ce n'était dans l'origine qu'une petite chapelle qui avait été bâtie dans le champ même où avaient été enterrés les corps de saint Denis, de Leuthère et de Rustique. Mais sainte Geneviève et Dagobert, le saint roi, y firent bâtir l'un après l'autre une église qui fait encore de nos jours l'étonnement des hommes ; il ne va pas un visiteur à Paris, la ville des monuments, qu'il n'aille voir Saint-Denis, qui était autrefois la métropole de la France ; c'était par elle que juraient nos rois, *Montjoie* et *saint Denis ;* c'était l'oriflamme des enfants de saint Benoît de l'abbaye des Gaules, et qui était aussi l'étendard des rois de France, qu'on portait dans les combats.

C'est de ce monastère que sortit, pour gouverner la France, le fameux abbé Suger, pendant la croisade qu'entreprit le roi Louis VII ; il fut véritablement le maître du royaume, le souverain de l'empire ; il administra l'Etat avec zèle, avec sagesse et avec la plus stricte économie.

Au commencement du Xe siècle, les auteurs ne sont pas bien fixés sur l'époque, les enfants de saint Benoît établirent un chef-lieu pour leur congrégation la plus célèbre qui ait existé jusqu'à la formation de l'Ordre des jésuites. Ils choisirent pour siége de cette nouvelle maison, une vallée abritée entre deux magnifiques montagnes, sur la rive gauche de la Drôme, à quelques lieues de Mâcon ; cette vallée avait nom Cluny.

Les moines s'étaient un peu relâchés de leur ferveur primitive ; parmi ces innombrables religieux qui couvraient la France, il s'était fait un mélange de bons et de mauvais anachorètes, comme il arrive dans toutes les agglomérations d'hommes. Ceux qui avaient la foi la plus vive, les mœurs les plus pures, se séparèrent du tronc dégénéré, et formèrent une congrégation, c'est-à-dire, une association vivant sous un même chef, tandis que par ordre, on entend une certaine règle de vie qu'on peut suivre individuellement et sans bannière pour ainsi dire ; *c'est un enrôlement sous une loi.*

Cette maison de bernardins, fut la première réunion de monastère vivant sous une même règle, ne formant qu'un seul corps et ne reconnaissant qu'un seul chef ; jusque-là les abbayes vivaient individuellement, sans dépendance autre que la règle de saint Benoit.

C'est de cette pittoresque vallée de Cluny que jaillirent d'immenses rayons de science et de lumière. Pour apprécier à quel degré de puissance s'éleva cette congrégation, il suffit de rappeler qu'au milieu du XVIIe siècle, plus de deux mille maisons en Europe dépendaient de l'abbaye de Cluny.

C'est Bernon, abbé de Grigny, qui fut mis à la tête de cette maison, c'était un homme renommé pour la pureté de sa vie et l'étendue de son savoir. Mais ces nouveaux bénédictins firent acte de sagesse et de haute administration, en s'éloignant de toute autorité séculière et en se plaçant sous la protection immédiate du Saint-Siége ; ils allèrent chercher au-delà des monts un maitre devant lequel tremblaient tous les autres maîtres de la terre. C'était le seul moyen de sauver la foi, d'épurer la morale chrétienne sans cesse battue en brèche par le torrent du siècle.

Les clunistes mirent un soin extrême à établir parmi eux une pieuse et sévère discipline, a ne rien faire que Dieu et la règle de saint Benoit pûssent condamner. Cette rigueur du cloître, excita bien des critiques amères, bien des persécutions; mais c'est elle qui donna à la congrégation de Cluny cette réputation de sainteté et de savoir qui l'avait élevée si haut dans la vénération des hommes, dans l'affection des chrétiens.

Tous les historiens quels qu'ils soient, sans acception de croyances religieuses, disent hautement que la congrégation de Cluny répandit la lumière la plus vive et la plus constante au sein même des siècles barbares. Il fallait la patience, la continuité, la vie abstractive des moines pour accomplir les œuvres gigantesques produites par les bénédictins; nos laborieuses académies n'ont rien fait qui puisse les égaler. Martin Marier, sous le titre de *Bibliothèque des écrivains de la congrégation de Cluny,* n'a donné que le catalogue des ouvrages composés par les savants moines, et ce simple catalogue forme un énorme in-folio.

Maintenant, dirons-nous, à ces esprits faux et ignorants de notre époque qui insultent ces enfants de saint Benoit, qui leur jettent avec un dédain superbe, les épithètes d'inutiles fainéants, de moines insensés : retournez chez vos maîtres, si jamais vous en avez eu et apprenez d'eux au moins la reconnaissance, celle que vous devez à ces Pères des lettres et des sciences, aux descendants de cette illustre lignée de savants.

Malheureusement ces bénédictins fameux dont la célébrité ira jusqu'aux siècles les plus reculés, oublièrent un peu ces pratiques austères qui avaient fait leur gloire et leur sainteté ; le relâchement se glissa furtivement au milieu d'eux, sans cependant leur faire perdre leur caractère sacré de religieux.

En 1098 des moines de Molesmes qui avaient conservé les vieilles traditions monastiques, et qui gardaient dans leur cœur, la ferveur des fondateurs de Cluny, souffraient de la tiédeur religieuse qui se répandait autour d'eux ; ils quittèrent le diocèse de Langres et allèrent en Bourgogne, près de Châlons-sur-Saône, en un lieu appelé Citeaux, sans doute à cause des citernes qui s'y trouvaient en grand nombre, ou soit plutôt en raison des joncs marécageux qui y croissaient.

Ces moines de Molesmes relevaient de Cluny, ils étaient conduits par saint Robert leur propre abbé. Cette congrégation nouvelle reconnaissait la règle de saint Benoît, elle en était moins la réforme que la rigoureuse observance, c'était le retour à sa pureté primitive. L'étude des sciences et des lettres qui était l'occupation principale des clunistes, devint très-secondaire dans l'ordre Citeaux qui compta aussi beaucoup moins de grands écrivains, d'hommes savants, mais qui eut pourtant ses hommes célèbres : saint Bernard, Othon de Frinsingen, Pierre de Vaux-de-Cernay, Benoît XII, le cardinal Bona et tant d'autres, dont nous trouvons la longue nomenclature dans Charles de Wisch.

Cette création qui devait venir jusqu'à nous et qui devait se répandre avec une si prodigieuse rapidité, fut fondée le 21 mars 1098 avons nous dit, sur les règles de saint Benoît qu'on y observait dans toute sa rigueur : c'étaient la pauvreté, le travail, le silence et l'abstinence la plus sévère. Ils ne vivaient que de pain, d'herbes et de légumes. Saint Etienne, sous le nom de Charte de Charité, donna quelques statuts pour expliquer la manière dont il entendait pratiquer la règle de saint Benoît : c'était le commentaire de ce code monastique, plutôt qu'une institution nouvelle.

Saint Bernard, après quelques jours de retraite passés dans la maison de son père, avec plusieurs jeunes gentilshommes qu'il avait associés à ses projets de solitude, vint frapper à la porte du monastère de Citeaux au moment où la maladie, et les souffrances venaient de décimer une partie de la colonie qui de Molesmes était venue s'abattre dans ces horribles forêts de la Bourgogne. Cette recrue de ces trente jeunes seigneurs qui quittaient le monde pour s'ensevelir dans la pénitence fut le salut de Citeaux, ce monastère allait mourir faute de moines (1112).

La prospérité de ce monastère devint si grande qu'en moins de trois années on vit s'élever les abbayes de la Ferté, de Pontigni, de Morimont et de Clairvaux que saint Bernard alla fonder dans la vallée d'Absinthe dont le nom dit assez les misères et les souffrances que durent éprouver ses fondateurs ; c'était l'année 1115. Cette vallée qui depuis a pris le nom de Clairvaux, dépendait autrefois du parlement de Paris, et était située sur la rive gauche de l'Aube non loin de Ville-sous-la-Ferté, dans la basse Champagne, comme on disait autrefois. C'est là, que saint Bernard s'y établit pour fonder un monastère avec son père et tous ses frères.

Le comte Hugues de Champagne donna à saint Bernard le vallon de Clairval avec toutes ses dépendances, consistant en terres, prés, vignes et eaux. Ces moines réformés étaient bien des bénédictins proprement dits, mais comme ils avaient pris la règle de saint Benoît à la lettre, et qu'ils la pratiquaient avec une sévérité inconnue à Cluny, on les appela Bernardins, du nom de l'illustre personnage qui a jeté sur cet ordre nouveau le plus de sciences et de vertus.

Ce n'est pas cependant que les religieux de Citeaux et les moines de sa filiation n'aient apporté quelques modifications à la règle de saint Benoît, mais ces modifications étaient pour eux dans l'esprit du législateur, ils n'ont fait que l'interpréter. Ils gardèrent fidèlement les heures marquées pour l'office de nuit et du jour, ils se levaient au plus tard à deux heures après minuit pour chanter matines. Ils conservèrent un usage qui s'était pris à Cluny aux beaux jours de son existence monastique, ils récitèrent pendant toute l'année, l'office des morts, et le petit office de la sainte Vierge qui avait été recommandé à la piété des fidèles par le pape Urbain II, au concile de Clermont. Comme ils s'étaient voués au culte de la mère de Dieu, ils avaient substitué aux vêtements noirs et quelque peu recherchés des bénédictins ; des habits blancs en étoffe de laine grossièrement ouvragés. Ils firent l'église du monastère aussi pauvre qu'eux « pauvres, s'écriait saint Bernard, dites-moi ce que fait l'or dans les lieux saints. » Il craignait que, des autels, le luxe né passât dans le cœur, et de là, dans les habitudes des enfants de la pénitence.

Les réformés de l'ordre de Citeaux mortifiaient leur

corps selon les préceptes de saint Benoît par de longs jeûnes, et une abstinence perpétuelle. Les Bénédictins ne mangeaient point la chair des animaux, mais ils se dédommageaient, comme le dit le fondateur de Clairvaux, en servant leurs tables de beaux et succulents poissons; cette abstinence n'était point celle que recommandait saint Benoît, aussi les Cisterciens, pour prévenir ces excès comme ils les appelaient eux-mêmes, s'abstinrent même d'aliments que ne défendait point le patriarche des moines d'Occident, ils s'interdirent rigoureusement le poisson, et ne vécurent que de pain noir, d'herbes et de légumes de leurs jardins. Ils ne buvaient que de la bière, ou du vin corrigé d'eau, et encore souvent ne prenaient-ils que de l'eau pure.

Le silence le plus absolu fut pratiqué dans l'Ordre de Citeaux, comme il l'était aux premiers temps de l'ère monastique à l'ermitage vénéré du Mont-Cassin. Saint Benoît permettait quelquefois un ou deux mots pour les choses de nécessité; les cirterciens remplacèrent cette faveur par les signes conventionnels, toutes les fois que ces signes pouvaient convenir à l'expression de la pensée. Cependant on laissa la parole à tous ceux qui étaient chargés d'un service qui ne pouvait se faire sans parler, ainsi au Père célérier, qui a la direction de toute la maison; au chef-jardinier, au Père-maître des novices, au Père hôtellier et au père chargé du service de l'hôtellerie. Le Père abbé et le prieur du couvent peuvent délier la langue des religieux; si un étranger, égaré dans les terres du monastère, si un visiteur réclame un renseignement indispensable, et que le religieux ne puisse pas se faire comprendre par signes, la règle, qui est avant tout une règle de charité et de chrétienne urbanité, lui permet de répondre, elle lui fait même une nécessité de parler. Rien n'est imposant comme ce silence du couvent ! En entrant dans ces murs monastiques, on est frappé de l'aspect de ces hommes qui sont à l'ouvrage, travaillant activement dans le recueillement le plus parfait, sans bruit, sans trouble, sans cette agitation de la langue qui, trop souvent, engendre dans les ateliers de travailleurs la haine et la passion.

Les cisterciens renoncèrent à l'étude des sciences et des lettres ; elles enrichissent l'esprit, mais elles l'appauvrissent parfois et perdent souvent le cœur ; ils se firent ermites des champs. L'homme a été condamné par Dieu à arroser la terre des sueurs de son front ; ils acceptèrent courageusement la condamnation. La journée des disciples de saint Benoît fut partagée en deux grandes occupations : l'œuvre de Dieu et le travail des mains que ne faisaient point les moines de Cluny ; ces bénédictins étaient des savants, des maîtres dans l'art de penser et d'écrire.

A Citeaux le travail est réglé, sa loi est inflexible. Vous trouverez, dit saint Bernard, dans la cent sixième lettre de ses œuvres, plus de conseils et de leçons au milieu des forêts que dans les livres ; et la pierre que vous extrayez de la terre nous enseigne mieux la vie spirituelle que les plus grands maîtres ; aussi, ailleurs, s'irrite-t-il contre ces religieux dégénérés qui ne veulent pas d'une religion qui enseigne à retourner la terre, à couper les bois, à transporter le fumier qui fait la vie et la prospérité des champs. Les cisterciens travaillaient six heures l'été, sept heures l'hiver, et pendant tout le

carême. Ils tenaient si étroitement à cette règle de l'ouvrage des mains que, dans un chapitre général qui se tint
en 1134, il fut décidé que l'Ordre de Cîteaux n'accepte-
rait pas de dîmes, que toutes les maisons vivraient du
produit de leur travail.

Notre Ordre, disait encore saint Bernard, dans une
autre lettre que nous avons sous les yeux, c'est l'abjec-
tion, l'humilité, la pauvreté volontaire, l'obéissance, la
paix et la joie dans l'esprit saint; notre règle, c'est la
soumission à un maître, à un abbé, à la discipline; notre
vie, c'est la pratique du silence, du jeûne, des veilles,
des oraisons, du travail des mains; notre Ordre enfin,
c'est la réparation de la vie monastique. Ainsi on voit
combien était grande l'abime qui séparait les bénédictins
de Cluny, des bernardins de Cîteaux, les uns et les autres
sont enfants de saint Benoit, mais les premiers mettent
tous leurs soins à adoucir la règle, les autres à la pratiquer dans toute sa sévérité. Les bernardins sont, si
l'on peut ainsi dire, une greffe nouvelle de même famille,
mais d'espèce différente, qu'on a greffée sur un vieux
tronc qui se mourrait. Les racines qui donnent la sève
sont bien les mêmes, elles sont vieilles d'un siècle, mais
la pousse est rajeunie, les fruits qu'elle donne sont différents, et l'arbre a changé de nom.

Les bernardins s'étendirent rapidement sur tout le
globe, nous étions à une époque d'élan religieux, de foi
chevaleresque qui s'épanchait sous toutes les formes. La
gloire présente, disait saint Bernard, devient vile et
méprisable; la fleur de la jeunesse est foulée aux pieds;
la noblesse ne compte plus; la sagesse du monde apparait
comme une folie; la chair et le sang ne sont plus écoutés.

Tous pour gagner Jésus-Christ, sacrifient les affections les plus chères, et dédaignent comme la boue, les dignités et les grandeurs du siècle.

On voyait s'élever de toutes parts des monastères, c'était une carrière dans laquelle on s'engageait avec ardeur, avec passion ; les pères excitaient leurs enfants à l'embrasser, les seigneurs étaient heureux de pouvoir détacher de leur patrimoine, de leur domaine, une terre qu'ils offraient avec bonheur, avec orgueil, à ces athlètes de la pénitence ; aussi en 1148, en un demi-siècle d'existence Citeaux avait vu sortir de son sein six cents monastères, l'abbaye de Meilleraie était de ce nombre.

Saint Etienne avait réglé que les abbés des quatre premiers monastères et de toutes les filiations qui en sortiraient par la suite, se réuniraient chaque année en chapitre général, autour de l'abbé de Citeaux. Clément IV constitua cette suprématie universelle, qui était si solidement fondée, qu'aujourd'hui même, bien que cette maison ait disparu, les bernardins n'en conservent pas moins pour elle le respect et l'attachement le plus sincère ; c'est toujours l'ordre de Citeaux qui demeure.

Saint Bernard était dans ces temps une véritable puissance morale, et cette puissance donne toute la mesure de la confiance qu'inspirait alors la vie monastique. En 1140 nous l'avons déjà dit, il fit condamner Abeilard. Louis VII désirait qu'il prêchât la croisade, il ne fallut rien moins pour l'y décider que les invitations pressantes d'Eugène III qui était un moine de son ordre, qu'il avait fait abbé du couvent de saint Anastase, et qui depuis avait été élevé à la dignité suprême de chef de l'Eglise.

Il fut aussi chargé de donner des règles aux Templiers

qui avaient été créés en 1118 à Jérusalem même, pour défendre les pélerins qui se rendaient à la Terre-Sainte et qui étaient souvent les victimes de la cupidité et de la haine. On les appela Templiers, parce que le lieu qu'ils occupèrent d'abord était près de l'emplacement où s'élevait jadis le temple de Salomon.

L'on comprend au milieu de cet amour, dont l'Europe semblait embrâsée pour Jésus-Christ, que les Juifs qui l'avaient crucifié, fussent maudits par les populations chrétiennes ; un moine, Raoul, proposa dans son entrainement insensé de les massacrer tous, Bernard les prit sous sa protection et sauva leurs jours, son bras suffit seul à dissiper l'orage. Il confondit les erreurs de Pierre de Brueys de Hensi, força l'évêque de Poitiers, Guillaume de Porcé, de rétracter ses erreurs au concile de Reims en 1198 ; choisi pour médiateur entre le peuple de Metz et quelques princes voisins, Bernard termina avec gloire ce différend, ramena la paix en conjurant la guerre qui menaçait d'éclater.

Comme orateur, comme écrivain, saint Bernard a jeté un grand éclat sur l'ordre de Citeaux, les historiens, les légendaires de cette époque sont unanimes à proclamer ses qualités, sa haute renommée. Son style est vif, noble et serré, ses pensées sublimes, son discours d'un tact, d'une délicatesse infinie, il est aussi plein d'onction, de tendresse et de force, il est tout à la fois doux et véhément.

Rien n'est suave, n'est empreint d'une mysticité chevaleresque comme son culte à Marie, qu'il a tant contribué à populariser. Quand il parle de la Mère de Dieu, c'est avec tant d'amour et d'entrainement, que les mots semblent lui manquer pour exprimer ses sentiments, pour produire ce qu'éprouve son cœur.

Ses ouvrages se composent de lettres, de sermons, de traités théologiques et mystiques. Mais son ouvrage le plus remarquable est sans contredit, le *Traité de la Considération*, c'est un livre dans lequel il adresse au pape Eugène III, les conseils de la plus haute sagesse et de la pratique la plus élevée. Aussi saint Bernard est-il appelé le dernier Père de l'Eglise; ses pensées sont une autorité respectée, et qui souvent sont regardées comme des jugements acquis en matière de controverse religieuse.

Saint Bernard occupe une place si importante dans l'ordre de Citeaux, que nous éprouvons le besoin d'y revenir et de compléter ce que nous avons déjà dit, du plus grand génie qui ait illustré le XIIᵉ siècle, la sainteté de ses mœurs et l'influence de son nom étaient si grandes, que Pierre le Vénérable, abbé de Cluny qui avait rompu mille lances avec lui, s'incline devant sa renommée, proclame ses vertus et celles de ses moines « Vous êtes écrivait-il à saint Bernard, de nouveaux Esdras qui avez rétabli la loi, de nouveau Macchabées qui avez relevé les ruines du temple de Dieu : c'est-à-dire l'ordre religieux dont les mœurs et la discipline étaient ruinés, en beaucoup de monastères. Vous en avez banni les condescendances que la délicatesse plutôt que la nécessité y avait introduites, et vous travaillez à faire revivre l'ancienne ferveur des siècles passés. La divine providence vous a choisi pour être les fermes colonnes qui soutiennent tout l'ordre monastique, et elle vous a donné non-seulement aux religieux, mais encore à toute l'église comme une brillante lumière pour éclairer le monde par la sainteté et vos exemples.

Voilà la vérité confessée par les bénédictins eux-mêmes, voilà ce que l'abbé de Cluny, le plus rude adversaire de la réforme de saint Bernard proclame en face du monde entier à la gloire de l'ordre Citeaux ; il alla même jusqu'à imposer à ses religieux la règle dont saint Bernard s'était fait le soutien et le propagateur. Etait-il possible d'élever plus haut cette institution sainte ? La couronne étincelante de science et de savoir des fils de Cluny s'incline devant la pauvreté et l'ignorance laborieuse des moines réformés.

Cependant Cluny, la métropole des bénédictins, comme Citeaux, l'antique berceau des Bernardins, a eu à essuyer de rudes épreuves ; la gloire dont ces monastères célèbres se sont illustrés n'a pu protéger leurs murs, ils ont subi la règle des choses de ce monde qui est de vivre et de passer ; comme Gumièges, comme saint Vandrille et tant d'autres savantes abbayes, Cluny a subi toutes les influences des guerres prétendues religieuses, du VIe siècle.

Les Calvinistes, ces vandales insensés, dans leur fureur impie, comme les fils de Mahomet, ont brûlé le précieux dépôt de livres et de manuscrits que renfermait ce célèbre monastère, et c'est aux cris mille fois répétés de réforme et de liberté qu'ils voyaient se consumer dans les flammes, ces dépositaires des sciences de vingt siècles, les auteurs de l'antiquité savante si péniblement conservés.

Cluny avait perdu ses trésors littéraires, et le monastère demeurait encore, mais 93, a achevé l'œuvre des calvinistes ; l'abbaye qui n'était plus que l'ombre d'elle-même fut arrachée à ses maîtres, à ses propriétaires naturels et livrée à la commune comme bien national. Aujourd'hui, ce couvent sert à des établissements publics, le collége en occupe une partie ; c'est bien le moins que dans un siècle qui se dit de progrès, nos enfants apprennent à lire, où tant d'autres ont appris à penser.

L'abbaye de Clairvaux n'a pas été plus heureuse que le monastère de Cluny. Son enclos avait plus de deux mille toises de contour et comprenait deux monastères complets : l'ancien tel qu'il était du temps de saint Bernard et tel que la pauvreté religieuse permettait qu'il fût, et le nouveau qui consistait en une superbe église et des bâtiments nombreux d'une grandeur extraordinaire, tous étaient recouverts de plomb.

Le monastère de Clairvaux était régulier, son prélat devait être élu par les religieux du monastère, et le roi envoyait cette élection au pape pour quelle fût confirmée. L'abbé de Clairvaux avait soixante mille livres de revenus en argent, sept à huit cents setiers de blé autant de muids, et de vin. Lorsqu'il mourait, l'office cessait, on faisait venir des religieux de Citeaux, qui s'en chargeaient jusqu'à l'élection du nouvel abbé. Saint Bernard en mourant avait laissé sept cents moines dans ce monastère, mais avant 1789, le relâchement s'y était déjà introduit, il ne renfermait plus que quarante religieux de chœurs, vingt pères convers, et un très-grand nombre de domestiques. On y avait réuni les abbayes de Meizein et du Val-des-Vignes qui appartenaient au même ordre. Cette maison religieuse avait sous sa dépendance un très-grand nombre de monastères tant en France qu'à l'étranger, son abbé avait droit avec les abbés de la Ferté, de Monrimond et de Pontigny, par ordre du chapitre général, de visiter l'abbé de Citeaux.

Aujourd'hui les vastes bâtiments de Clairvaux forment une maison centrale de détention. Les condamnés de la justice des hommes ont remplacé les condamnés volontaires, ceux qui, pour Dieu, se soumettaient aux plus rudes châtiments, à la pénitence la plus austère. Ce Cairvaux des anciens jours a retrouvé sa vie, toute son activité, plus de mille personnes sont occupées à la fabrique des toiles, des cotons, des percales, des madapolames, des couvertures de laine, des chapeaux de paille et des gants de peau. C'est le mouvement industriel que saint Bernard avait établi dans ses murs, mais ce n'est plus le même esprit qui y règne, ce ne sont plus les mêmes ouvriers : les enfants du Seigneur en ont été impitoyablement chassés.

Le monastère de la Grande-Trappe a recueilli tous les droits, tous les titres de Citeaux ; c'est lui qui est devenu la maison-mère des bernardins ; c'est là que demeure le général de l'Ordre tout entier.

Un illustre seigneur, Rotrou II. dans un voyage qu'il faisait de France en Angleterre, sur une frêle nacelle, fut tout à coup assailli par une horrible tempête ; sentant la peur entrer dans son âme, ce gentilhomme éleva les yeux au ciel, et promit d'édifier une église au culte de Marie, à celle qu'il invoquait comme l'étoile de la mer, comme l'ange du soleil. Aussitôt la pauvre nef, ainsi qu'on le disait alors, retrouva le calme des eaux, et put continuer en toute sécurité à cingler vers les côtes d'Angleterre ; la prière du navigateur avait été exaucée, son vœu était accepté.

Il paya la dette qu'il avait contractée, en un lieu qu'on avait appelé de tout temps la Trappe, sur la petite rivière de Lyton, entre la Perche et la Normandie.

Le fondateur résolut d'achever sa pensée en élevant un monastère pour desservir les autels qu'il venait d'ériger à Dieu.

Ce fut l'abbaye de Breuil-Benoît, issue de Vaux-de-Cernay, qui envoya une colonie de moines peupler ces cloîtres inhabités en 1140. Elle s'appela dès-lors Notre-Dame-de-la-Maison-de-Dieu. Les dons ne lui firent pas défaut, ils arrivaient de toutes parts à la fois, c'était à qui donnerait pour augmenter les domaines de ce nouvel ermitage.

Le Saint-Siége prit ces pénitents sous sa protection immédiate, et ne se préoccupa que de leur prospérité. Alexandre III, dans une bulle de 1173, confirma les biens, droits et priviléges des religieux de la Trappe, et les affranchit en outre de toutes dimes et redevances. Plus tard le Pape Innocent III menaça des foudres de l'Eglise tous ceux qui troubleraient cette abbaye dans la possession de ses priviléges et des exemptions qui lui avaient été concédés par les Pontifes de Rome. Un pieux monarque, saint Louis, dans de nombreux édits royaux, confirma tous ces titres, toutes ces faveurs.

Huit ans s'étaient à peine écoulés que l'approche d'une armée anglaise força les religieux à fuir leur retraite. Les provinces du Perche et de la Normandie furent cruellement labourées par le fer et le feu ; les ennemis, dans leur fureur, ne respectèrent rien, ni les propriétés, ni les chartriers ; aussi lorsque la paix revint, le Pape Paul II, dût-il ordonner à l'official de Seez de recommander aux injustes détenteurs des biens de la Trappe, de les lui rendre sous les peines les plus sévères.

En 1148 le monastère entra dans la grande famille des Bernardins dont il ne faisait pas encore partie, il appartenait à la congrégation de Savigny, que Vital avait instituée dans le diocèse d'Avranches.

La Trappe atteignit promptement les plus vastes proportions, son nom et ses vertus jouissaient d'une si grande considération, que Philippe-Auguste ne crut mieux faire que d'envoyer l'un de ses abbés Gauthier Adam, à la cour de Rome pour y terminer ses différents. Cette prospérité dura de longs siècles, et pendant que tous les monastères oubliaient le Dieu et la règle, qu'ils étaient venus chercher dans les cloîtres de la pénitence, les trappistes continuaient en fils soumis de saint Benoit à vivre de la vie monastique, comme de pieux et fervents cénobites, malgré les guerres terribles qui désolèrent si souvent leurs murs.

Mais en 1527, la contagion du mal réussit enfin à s'insinuer traitreusement au milieu de ces enfants de la solitude. Dieu seul est immuable, a dit M. de Grandmaison : l'homme et tout ce qui relève de lui se consument dans des variations perpétuelles. Par des dispositions dont le secret se perd dans le sein de la providence, des institutions qui semblaient devoir braver les injures des siècles dégénèrent, tombent et vont s'abimer sans retour dans le fleuve de l'oubli.

Par le concordat de 1516, Léon X avait autorisé la sécularisation des biens ecclésiastiques, aussi le monas--

tère de la Trappe venait de tomber en commendes dans l'année 1527 par ordre de François Ier. C'était ouvrir la porte à tous les abus, c'était faire entrer sous ces toits monastiques, le dérèglement et la soif des richesses et des plaisirs.

La fréquentation d'une soldatesque effrénée, qui à la solde de princes batailleurs se ruaient dans ces cloîtres, et y vivaient en maîtres, acheva d'y porter le relâchement; l'antique discipline du couvent s'affaibit, le goût de la pénitence s'éteignit, le bruit avait pris la place du silence et du recueillement.

Les véritables disciples de saint Benoît avaient fui ces murs où Dieu n'habitait plus, et de cette milice sainte, naguère l'orgueil et la joie de l'église de France, qui avaient été chargée de prêcher les croisades, qui avait compté dans son sein tant d'illustres personnages, n'était plus composée que de quelques religieux qui n'en avaient plus que l'habit et le nom. Le couvent comme la règle monastique était tombés en ruine, c'était une demeure hideuse dont le tableau glace d'horreur.

Rome, gardienne de la foi catholique, encouragea toutes les tentatives de réforme, et chercha à ramener dans ces asiles de la pénitence, le calme et le repentir. Dans le Languedoc, au village de Feuillant, étaient des bernardins qui pratiquaient encore la règle de saint Benoît, comme le faisaient les religieux au temps de saint Bernard. Le Saint-Siége considérant qu'il était dangereux de laisser les bons dans la dépendance des méchants, erigea en congrégations indépendantes ces moines de Feuillant c'est Jean-de-la-Barrière leur abbé, soutenu par Sixte V qui donna naissance à l'institution de ce nom. Ils vinrent vers la fin du VIe siècle s'établir à Paris à la sollicitation de Henri III. Mais ces religieux de Paris oubliant bientôt la pensée de leur fondateur, qui était de régénérer l'ordre de Citeaux, se jetèrent avec passion dans tous les emportements de la ligue.

Cependant le ciel contristé de tant de maux, désarma son bras, et suscita un intrépide réformateur qui fit refleurir la règle de saint Benoît. C'était un autre saint Bernard, un Grégoire VII qui allait retirer les ordres monastiques de l'abîme où ils allaient s'engloutir pour jamais.

Armand-Jean, le Bouteillier de Rancé, naquit à Paris le 9 janvier 1626. Sa famille l'une des plus illustres de France était de vieille souche bretonne, elle descendait du sang des anciens ducs de ce pays de foi et de fidélité chevaleresque. Ce jeune seigneur était le filleul de Richelieu, de ce cardinal qui fonda la monarchie : dont la tête et le bras renversèrent la féodalité qui avait fait trembler les rois jusque sur leur trône.

De Rancé tout enfant fut un véritable prodige de science et de génie. Dans son concours de licence il battit Bossuet et remporta sur lui la première place.

Après la mort d'un de ses frères, on en fit un prêtre, pour ne pas voir échapper des mains de la famille des bénéfices à revenus considérables, qui ne se donnaient qu'à des ecclésiastiques. M. l'abbé de Rancé était jeune, fougueux, dissipateur et ambitieux ; il avait une fortune immense dont il sut jouir sous son costume de prêtre en viveur émérite. Et pourtant l'archevêque de Tours l'avait fait archidiacre de son église.

Cet étourdi, ce fou de plaisirs et de fêtes, ce chevalier aux excentricités les plus incroyables, sentit un jour Dieu frapper à la porte de son cœur, et il devint tout à coup aussi pieux et réservé qu'il avait été déréglé et remuant ; sa conversion surprit toute la cour.

Un pamphlétaire, Daniel de la Roque, a voulu trouver dans ce retour à Dieu, d'autre merveille que celle de la grâce. Il y a vu l'action mystérieuse de je ne sais quelle scène dramatique. Il aimait éperdument, dit ce romancier, la belle duchesse de Montbason ; mais elle venait de mourir. L'abbé entre dans son appartement pour pleurer une dernière fois sur ses restes : il aperçoit son corps qu'on avait mutilé pour le mettre de mesure avec le cercueil, dont on avait mal pris les proportions. La tête, détachée du tronc, reposait ensanglantée et à peine recouverte sur le parquet de la chambre. Dom Gavaise donne un démenti formel à ces rêves d'une imagination en délire.

M. de Rancé était abbé commandataire de la Trappe ; il donna sa démission des abbayes de Saint-Symphorien, de Notre-Dame-du-Val : ses prieurés de Saint-Clémentin et de Boulogne sont également résignés ; il ne réserve que son titre d'abbé de la Trappe ; obtient du roi Louis XIV la permission de soumettre ce monastère à la règle de saint Benoît. Pour commencer, il alla prendre au couvent de Perseigne l'habit de l'étroite observance de Citeaux : que devait penser Monseigneur de Comminges, qui avait entendu naguère le fougueux abbé de Rancé lui répondre dédaigneusement : *Moi, me faire frocard !* Le jeune novice avait alors trente-sept ans.

Il se rendit à la Trappe qu'il trouva aux mains de cinq ou six moines relâchés, qui vivaient dans l'oubli le plus complet des règles monastiques, voire même des commandements de Dieu ; irrités des propositions de réforme que leur apportait l'abbé de Rancé, ces religieux profanes le menacèrent, comme saint Benoît dans le couvent de Vicovare, du poignard et du poison ; le nouvel abbé ne s'intimida point, et ces hommes perdus de mœurs, mais effrayés de tant d'énergie, quittèrent le monastère pour entrer dans le monde où M. de Rancé consentit dans sa magnanime générosité à leur faire une pension de 400 livres.

Un grand nombre de disciples, vinrent se ranger sous sa houlette pastorale, et ce couvent devint promptement le modèle de toutes les vertus, l'âme des devoirs monastiques. La règle qu'on y suivait prenait le titre d'étroite observance en opposition à la règle relâchée qui se pratiquait ailleurs ; mais il trouva un rude adversaire dans le moine Claude Vaussin qui était abbé régulier de Citeaux ; cette lutte célèbre eut bien des péripéties, bien des incidents ; le Saint-Père, le roi, les grands des cours de France et de Rome y mêlèrent leurs noms et leur influence ; ces combattants furent appelés à plaider leur cause devant le Saint-Siége. M. de Rancé eut à essuyer mille déceptions, mille ennuis, il triompha enfin. L'étroite observance fit de nombreux prosélytes, et l'abbaye de la Trappe devint le Citeaux des anciens jours, la fille légitime du Mont-Cassin.

Après une carrière monastique passée dans les exercices les plus rudes de la pénitence, couvert d'ulcères, frappé de paralysie dans une grande partie de son corps, l'abbé de Rancé mourut le 27 Octobre 1700, à l'âge de quatre-vingt-dix-neuf ans.

Il avait assuré avant de descendre dans la tombe l'avenir de sa réforme : un bref du Pape de 1699 autorisait l'élection du prieur de la Trappe ; le roi de son côté jugeant que ce bref ne portait aucune atteinte aux droits, à l'éclat de sa couronne, en avait ordonné l'enregistrement au grand conseil. Innocent XI lui avait accordé pour perpétuer son œuvre tout ce qu'il avait désiré, il lui suffisait de demander pour obtenir ; mais le réformateur était mort quand Cîteaux reconnut l'étroite observance et en suivit les règles : c'eût été une joie bien douce qui aurait consolé le soir de son pénible pélerinage sur la terre.

La réputation de sainteté du monastère de la Trappe s'était si promptement répandue dans le monde catholique, qu'on y accourait de toutes parts : les uns y demeuraient, les autres n'y faisaient que passer emportant de ce voyage la foi retrouvée, l'espérance perdue ; de grands seigneurs fuyaient l'agitation du monde pour venir dans la solitude du cloître, près de ces enfants de la pénitence, chercher le calme et le repos.

Le spirituel écrivain du XVIIIe siècle, Louis de Rouvray, duc de Saint-Simon ; le duc de Penthièvre, fils du comte de Toulouse, y allaient passer de longues heures de méditation.

Jacques II, le roi proscrit, que l'usurpateur Guillaume de Nassau avait envoyé sur la terre de France expier le crime d'avoir cherché à rétablir en Angleterre la religion catholique, y habitait avec bonheur en compagnie de son aumônier, du maréchal de Bellefond et du duc de Berwick. Il aimait à venir sur cette terre de la pauvreté et de la pénitence se consoler d'avoir perdu sa couronne et son trône.

Bossuet a plus d'une fois illustré ces murs par le séjour qu'il se plaisait à y faire près de son vainqueur, de son vieil ami de Rancé.

Dans ce siècle, Charles X, alors qu'il n'était encore que comte d'Artois, est venu à l'abbaye de la Trappe se préparer par la prière et la vue de ces pénitents, à supporter avec résignation, en roi chrétien, les malheurs qui devaient encore une fois le jeter lui et sa famille sur la terre de l'exil.

Cependant, la révolution de 1789 vint pousser son cri de mort au milieu de ces moines fervents, étrangers à la politique des princes, ignorés de la plupart des hommes, endormis dans le calme de leur conscience et la paix du Seigneur ; tous ces ermites s'éveillèrent au bruit de la société qui croulait de toutes parts. L'Assemblée Constituante venait de décréter la vente des biens du clergé séculier et régulier ; le monastère de la Trappe voulut conjurer l'orage, mille voix se mêlaient à celles des moines pour fléchir la colère de ces hommes qui brisaient tout au nom du peuple et de la liberté, de ces hommes dont l'impiété rugissait autour de leurs murailles, et dont les bras ensanglantés avaient déjà souillé les portes de leur tranquille demeure. Qu'ils prient ou qu'ils meurent, criait cette tourbe sauvage, qui ne savait pas même respecter ce que les barbares des premiers siècles de la monarchie avaient pieusement vénéré. Car, lorsque les populations éplorées fuyaient devant les conquérants de toute race qui se ruaient sur la France, il n'y avait pour elles qu'un refuge et un asile : les monastères de l'ordre de saint Benoît.

Comme il le fit pour Moïse, Dieu sauva des eaux de la révolution la famille de l'abbé de Rancé qui allait s'engloutir à jamais dans ses flots ; comme Moïse encore, un lévite du Seigneur, un moine illustre autant que religieux, libérateur de la tribue sainte emmena ce peuple monastique dans des déserts moins agités, à l'abri de la tourmente : Louis-Henri de Lestange d'une des plus illustres familles du Vivarais, doué de tous les talents, de tous les dons de la nature et de la fortune, était entré comme novice au monastère de la Trappe, l'année 1780, sous le nom de dom Augustin ; l'Assemblée Constituante n'avait pas encore frappé de ses décrets ces fils de la prière. Dom Augustin qui avait prononcé ses vœux monastiques et qui était père-maître des novices, n'avait aucune dés espérances que l'on conservait à la Trappe, il alla au milieu de mille contrariétés, de mille difficultés, demander un gîte aux montagnes si pittoresques de la Suisse, aux souverains seigneurs de la république. Une colonie de moines au nombre de vingt, chiffre de rigueur, partit de l'abbaye, arriva sur les frontières de la Suisse, en un village du nom de Cerniat. Elle avait traversé la France qui était en feu, elle avait affronté la révolution qui bouleversait toutes les institutions, qui dans sa rage impie criait mort aux moines ! mort aux prêtres ! Un humble curé en les voyant venir courut à un arbre dont il coupa des branches pour former une croix qu'il bénit et qu'il donna aussitôt comme étendard de paix et de salut à ces enfants proscrits.

Val-Sainte était voisine de Cerniat ; c'est en ce lieu désert que dom Augustin avait obtenu de conduire ses frères exilés de la terre de France. Ces religieux précédés de leur modeste croix de bois, arrivèrent en chantant, aux portes du monastère qui, depuis trente années, était aux mains de propriétaires séculiers : la Trappe n'existait plus. C'est Val-Sainte à qui Dieu allait confier le soin de garder la foi et la règle monastique régénérées par le vertueux abbé de Rancé.

Le nombre des postulants devint vite si considérable, qu'il fallut pour rester dans le décret d'autorisation, et ne pas s'aliéner les bonnes grâces des seigneurs souverains de la Suisse, fonder en toute hâte de nouveaux monastères : l'Espagne, le Piémont et l'Angleterre reçurent les premières émigrations, les premiers essaims de ces ouvriers pénitents ; c'est alors que les moines qui ont fondé depuis le couvent de Meilleraie partirent pour l'Angleterre. La nouvelle Trappe, avait pris tant d'importance que, dès 1794, le nonce du Pape près des Etats suisses, érigea, sur l'ordre même de Pie VI, Val-Sainte en abbaye : dom Augustin en devint l'abbé à l'unanimité des suffrages. A cette époque où il était si nécessaire de préparer le monde à la régénération sociale par une éducation solidement religieuse, l'abbé de Val-Sainte fonda le tiers-ordre pour l'éducation des jeunes gens, des Français exilés.

Mais en 1798 les armées de la République venaient d'envahir la Suisse et le Valois, il fallut une fois encore prendre la fuite : dom Augustin, suivi de deux cent cinquante moines et d'un grand nombre d'enfants qui ne voulaient pas consentir à se séparer de ces maîtres de sciences et de vertus, s'aventura sur les grandes routes du nord de l'Europe. L'Allemagne, l'Autriche et le Danemark furent tour à tour le théâtre de leur résignation et de leur douleur.

Bientôt ils se séparèrent fuyant la guerre et la persécution ; une partie de ces moines s'achemina vers Prague où le prince de Bavière leur donna son château pour gîte de l'hospitalité. D'autres s'arrêtèrent à Vienne, où ils furent accueillis avec la plus touchante affection par les Sœurs de Saint-François de Salles ; mais la Révolution française promenait dans toute l'Europe ses armées victorieuses, et devant elles fuyaient de pauvres solitaires, qui ne pouvaient trouver un coin de terre pour reposer leurs pieds, pour rassurer leur frayeur : dom Augustin résolut de traverser les mers ; il laissa dans le monastère d'Hasfeld, près de Munster, ceux qui souffraient, ceux que la douleur ou l'âge retenaient attachés au continent.

Mais avant de faire voile pour l'Amérique, cet infatigable chef de famille partit pour l'Angleterre, où Pitt, touché de tant de misères et de résignation, lui donna pour chacun de ses religieux une pension pareille à celle que recevaient tous les autres exilés français. Trente Trappistes seulement partirent pour le Kentuky, l'un des États de l'Amérique septentrionale ; le reste de la colonie retourna à la Val-Sainte, qui était devenue plus tranquille et offrait un peu plus de sécurité à l'exercice de la vie monastique.

Cependant le génie de l'empereur Napoléon commençait à paraître et à porter l'ordre au milieu de ce cahos qu'avait fait la révolution ; les chrétiens commençaient à espérer, les temples rouvraient leurs portes, les autels retrouvaient leurs ministres, le champ du Seigneur, comme aux jours de Constantin et de Clovis, abattait ses idoles, et voyait son sillon se rajeunir et refleurir.

Dom Augustin, introduit par l'illustre cardinal Fesch, arriva aux Tuileries jusqu'à l'empereur Napoléon, qui lui accorda le Mont-Genèvre, après l'avoir généreusement doté. Genèvre était comme le Mont-Saint-Bernard, l'asile des pèlerins, la maison des voyageurs égarés dans ces montagnes de neige. Cet homme, dont le génie approfondissait gravement toutes les questions, disait : « Là pourront se réfugier ceux à qui le monde ne convient pas ou qui ne conviennent pas au monde ? »

Dom Augustin était parti pour l'Amérique, mais à la rentrée des Bourbons, il revint en France. Il s'empressa de réunir tous les religieux et de racheter les ruines de la Grande-Trappe. Sous la Restauration même le rétablissement de cette illustre communauté eut ses difficultés et ses ennemis. Mais enfin le roi Louis XVIII, qui savait que protéger la religion, c'était asseoir le trône sur des bases solides, qui savait que la révolution n'était venue que par l'oubli de la foi, le mépris des mœurs et l'amour effréné des plaisirs, s'empressa de légaliser l'existence de ces pieux ermites, qui avaient conservé la croyance de leurs pères jusqu'à souffrir toutes les persécutions, toutes les privations de l'exil, préférant vivre sans un toit pour s'abriter, plutôt que de s'exposer à perdre Dieu et la règle du monastère.

Comme l'ex-maître des novices dut avoir le cœur contristé, en revoyant ce couvent qui, jadis aux jours de sa splendeur, avait reçu son cœur et ses vœux ! Il ne restait plus que la pharmacie, un pauvre moulin, quelques bâtiments d'exploitation et l'abbatiale : cette maison que le duc de Penthièvre, ce petit-fils de Louis XIV, avait fait bâtir pour aller prier et reposer son âme de chrétien près de ces enfants de la retraite.

Infatigable comme saint Bernard, dévoué comme

de Rancé d'illustre mémoire, dom Augustin se mit promptement à l'œuvre. Un moment il s'était arrêté à l'idée de racheter Cîteaux, le berceau de l'Ordre des Bernardins ; mais pour payer ces ruines qui exigeraient à relever des sommes immenses, on demandait un million et demi ; il préféra l'ancienne Trappe du Perche, qui était d'acquisition et de restauration plus modestes. Il acheta pour 70,000 francs ces pierres amoncelées et ces champs sans culture.

Les Trappistes qui étaient à Val-Sainte, cet asile des proscrits, reçurent l'ordre de revenir en France. Une partie de cette colonie alla trouver dom Augustin qui occupait déjà sa nouvelle propriété ; l'autre alla s'abattre dans le diocèse de Valence, au milieu de ruines célèbres, dans le fond d'un vallon qu'on appelait Aiguebelle. Ce gîte agreste et solitaire avait été jadis habité par des fils de Cîteaux, que la Révolution avait impitoyablement chassés.

Après bien des vicissitudes, bien des ennuis suscités par la haine, ou l'erreur, le vieux monastère du Perche se releva de ses ruines ; les premiers jours furent des jours de misères où chaque religieux trouvait à peine sur ce sol de France à arrêter son pied, à abriter sa tête. Cette demeure qui ne présentait plus que quelques masures inhabitables, tristes comme la mort, sortit peu à peu de ses décombres ; le besoin et la nécessité approprièrent d'abord ce gîte que Dieu avait élevé pour la prière ; l'intelligence et l'activité firent le reste. On remit en ordre chaque chose, on prit en main le marteau et l'équerre, on se fit maçon et des constructions nouvelles mieux entendues, plus convenables et moins dangereuses s'élevèrent de toutes parts. La vie reprit la place de la mort et le mouvement anima ces cloîtres si longtemps déserts. Les champs, les vergers, les jardins retrouvèrent leur végétation, leur luxuriante richesse, la nature se montrait plus clémente, plus généreuse mille fois que les hommes.

Car dans ce pays qu'on rendait à des proscrits, les moines de la Trappe retrouvaient tous les orages des mauvais jours. La main bienfaisante du chef de l'Etat était impuissante à les protéger, la persécution armait le bras même de ceux qui semblaient faits pour être leurs protecteurs et leurs amis ; le ciel leur versait jusqu'à la lie le fiel des épreuves, il les frappait en prédestinés. Les titres et dignités du Père Augustin furent contestés : sa règle celle de saint Benoît, qui était vieille comme la France, qui avait été vénérée par la barbarie par le paganisme lui-même, qui avait été sanctionnée par la papauté, fut attaquée sans pitié dans ces jours de restauration religieuse et politique ; on accusait cette règle de sévérité, on la disait entachée de pratiques inhumaines. Le monastère était l'enfer, disait-on, qui avait pris pour titre menteur : *Maison de Dieu.* Voilà ce que disaient des hommes qui avaient tout perdu excepté le nom de chrétien, qui sur leur front accusait l'erreur ou la méchanceté. Un grand nombre d'hommes religieux effrayés de tout ce bruit et gagnés par les ennemis du Père de la Trappe, voulaient qu'on ramenât l'ordre de saint Benoît à l'interprétation de M. de Rancé. Ce débat au XIXᵉ siècle, sous un roi très-chrétien amoncela les plus terribles orages, c'était la révolution qui tenait encore ses écoles et ses chaires de propagande anti-catholique : pour retrouver la paix et le repos, dom Augustin se vit contraint d'emmener ses religieux à Bellefontaine, sur cette vieille terre de la fidélité, de croyance sincère.

Mais c'est à Rome que devait se vider ce débat qu'en d'autres temps on aurait rougi de soulever : ces moines qui suivaient dom Augustin, alors qu'il n'y avait plus de vœux reconnus par la loi, n'étaient-ils pas le démenti le plus formel donné à ces accusations si péniblement échafaudées ?

Il existait entre la réforme de M. de Rancé et la règle de saint Benoît interprétée par l'abbé de la Trappe quelques différences. Rien n'est changé pour les heures de sommeil; l'une et l'autre proscrivent la viande, le poisson, le beurre et les œufs comme nourriture, elles commandent le silence; les moines chantent ou psalmodient les mêmes offices, mais dans l'observance de M. de Rancé les jeûnes sont moins sévères, comme aussi les religieux de chœur travaillent moins longtemps.

Ainsi ces derniers dînent à dix heures et demie et soupent à cinq heures, tandis que dans l'observance de Val-Sainte apportée à la Trappe, le dîner se fait à onze heures et demie et le souper à six heures en été, en hiver ils ne dînent qu'à deux heures et demie, c'est le seul repas. Dans les couvents de l'autre règle, de septembre à Pâques, ils prennent le dîner à midi ou midi et demi et font une collation le soir.

Chez les Trappistes, le travail n'est jamais moins de cinq heures; chez les fils de Rancé, il n'y a que trois heures de travail dont une partie a lieu le matin et l'autre le soir.

Ces deux règles furent donc citées devant le Pape

au tribunal suprême du Saint-Siége. Après de longues études, une minutieuse instruction, on décida de réunir en une seule congrégation tous les monastères de l'ordre de saint Bernard répandus en France. On jugea que cette différence de pratiques n'était pas indispensable à l'unité ; les religieux voulaient bien abandonner les exercices que Val-Sainte avait établis dans un zèle trop ardent pour la vie monastique, mais ils voulurent conserver la règle de saint Benoît dans son intégrité. Les religieux de M. de Rancé gardaient leur institution telle qu'elle avait été fondée, sans y rien changer.

Grégoire XVI arrêta qu'il y aurait en France un vicaire-général, revêtu de tous les pouvoirs nécessaires pour le gouvernement de la congrégation ; que cette charge serait attachée à perpétuité au titre d'abbé de l'ancien monastère de Notre-Dame-de-la-Trappe, d'où sont sortis tous les Trappistes ; tous les ans, ce vicaire-général devait tenir un chapitre auquel assisteraient les autres abbés et tous les prieurs conventuels ; de plus, il visitera par lui-même ou par un délégué tous les monastères, pendant que le sien, celui de Notre-Dame-de-la-Trappe sera visité par les quatre abbés de Meilleraie, de Bellefontaine, du Port-du-Salut et du Gard ; toute la congrégation suivra la règle de saint Benoît et la constitution de l'abbé de Rancé ; le travail manuel n'excédera pas six heures en été, et quatre et demie le reste de l'année.

Tels sont les statuts organiques de ce grand ordre monastique qui retrouvait enfin son unité, sa force et la discipline du temps de saint Benoît et de saint Bernard ; c'était la famille qui venait de se reconstituer sous un même chef, dans une même pensée, dans un but

ùnique. Cette constitution est une belle page dans l'histoire des Cisterciens, et le Pape Grégoire s'acquit des
titres imprescriptibles à la reconnaissance de tous les
Trappistes ; car il n'est pas de gouvernement plus sagement établi, plus démocratique dans son principe : il
s'accepte et ne s'impose jamais, il est du choix de tous,
et dans ce petit royaume de la pénitence on y entre de
son gré, après en avoir étudié, essayé même toutes les
lois. Lycurgue avait asservi Sparte, saint Benoît ouvre
ses portes, et pour devenir citoyen de sa petite répu
blique, il faut se présenter en suppliant, il faut obtenir
de vivre sous sa règle.

Un des hommes qui a jeté sur l'Ordre de la Trappe
le plus d'éclat au temps où nous vivons, c'est le Père
de Géramb qui a écrit une fort belle relation sur son
voyage de France à Jérusalem. Appartenant à une noble
famille d'Allemagne, ex-chambellan de l'empereur d'Autriche, ancien général de Ferdinand VII d'Espagne,
M. de Géramb, prisonnier au donjon de Vincennes,
médita sur les vicissitudes humaines, et profita de ses
premiers instants de liberté, pour aller s'enfermer dans
le monastère de Westphalie qu'il a quitté pour celui
de France, en 1817. C'est l'homme le plus important de
l'ordre des Bernardins, celui dont nos contemporains se
sont le plus occupés, parce qu'il a le plus étonné leur
raison, par ses vertus, par son grand nom et par la
pénitence à laquelle il s'est volontairement soumis.

Le voyageur, le pélerin qui visite aujourd'hui ce vieil
ermitage du Perche ne revient pas de son étonnement :
il est tout surpris de retrouver ce couvent que le temps
et le vandalisme révolutionnaire avaient détruit, re-

naître de ses cendres comme le sphinx. C'est le Cîteaux de notre siècle, c'est le Mont-Cassin de la France. Mais plus heureux, ce monastère peut enfin remercier le ciel et se reposer de ses longues fatigues ; il peut espérer et croire à l'avenir ; Dieu semble bénir cet asile de la pénitence. On aime à la Trappe à vous faire visiter une petite grotte qu'on conserve religieusement et qui fut habitée, dit-on, par saint Bernard, c'est un pieux souvenir, une sainte relique des beaux jours de l'ère cénobitique.

On ne peut nommer la grande Trappe, et Meilleraie, sans nommer aussi Bellefontaine : ces trois communautés, ont eu même origine, même persécution, mêmes succès ; ce sont comme trois sœurs jumelles, qui ont ensuite donné la vie à de nombreux descendants, qui vivent dans une union parfaite sous la direction de la Trappe qui a toutes les prérogatives de fille aînée.

Bellefontaine rappelle bien des souvenirs, qui se pressent sous ma plume et dans ma mémoire ; c'est le plus délicieux ermitage qui se puisse imaginer, tout vous parle en ces lieux de saint Benoît, de l'immortel patriarche ; c'est le désert de la Thébaïde avec ses solitaires, c'est une vallée de pénitence dans tout ce qu'on peut rêver de plus suave et de plus mystique, on ne voit que Dieu et la simplicité évangélique, c'est la vie d'anachorète dans toute son expression, dans sa définition la plus absolue, la plus rigoureuse.

De Chollet, la ville manufacturière par excellence, le Poissy de l'Anjou, on arrive à Bellefontaine, sans trop de peine et trop de fatigue : mais vous n'êtes plus qu'à quelques pas de l'abbaye que vous vous croyez vingt fois perdu au milieu de ces taillis qui l'entourent, dans ces sentiers sinueux, accidentés, qui vous éloignent, vous rapprochent, pour vous éloigner encore, comme ces labyrinthes sans fin. Vous n'entendez au loin, à travers la feuillée, que le son de l'airain qui appelle les moines à la chapelle ou au travail des champs.

Bellefontaine est situé dans ce pays, de sites si pittoresques, de mœurs primitives si longtemps conservées, qu'on appelle le bocage tant il est couvert, tant ses terres nourrissent d'arbres cinq fois séculaires ; c'est un pays qui a tenu tête à la France entière, qui a lutté victorieusement contre les phalanges aguerries de la République, et dont les habitants étaient si courageux, si résolus dans le danger, que Hoche, le jeune général de la Révolution, le Pacificateur de la Vendée, disait : c'est un peuple de géants, c'est un peuple immortel ; aussi dans cette guerre qu'il sut conduire avec tant de sagesse et de tactique militaire, il laissa échapper plus d'une larme, plus d'un regret ; il ne combattait, disait-il encore, que le fanatisme et l'erreur.

Comme Meilleraie et la Grande-Trappe, Bellefontaine a une vieille origine, sa fondation date des plus beaux jours de l'ère monastique. Grégoire VII était descendu dans la tombe, que son génie vivait encore, ses œuvres demeuraient, les sentiers qu'il avait ouverts dans l'Europe redevenue chrétienne étaient encore ceux que suivaient la génération nouvelle ; nous étions en l'année 1100 : l'humanité était embrasée de l'amour de Dieu, la foi occupait le monde entier, toutes les préoccupations étaient pour le ciel ; c'était le règne de Louis VI, c'était aussi le règne de saint Bernard, il était aimé et obéi des grands et des petits, des nations et des rois ; un moine gouvernait la France, c'était Suger, abbé de saint Denis. Dans cette année-là même, Robert d'Arbrissel ouvrait aux femmes l'asile de Fontevrault, ce monastère au moyen-âge, devenu si célèbre, et qui est aujourd'hui une maison de repentir et d'expiation judiciaire.

Ce sont là, les événements, qui se passaient lorsque naquit Bellefontaine; la date est certaine, mais d'où venaient ces enfants de saint Benoit? de Marmoutiers sans doute, car Bellefontaine dans les premiers siècles de son existence relevait de ce monastère de la Touraine, qui avait une très grande autorité religieuse, et qui avait sous sa dépendance plus d'un couvent de l'ordre de saint Benoit; ainsi dans cette même contrée il existait une autre maison qui relevait de Marmoutiers, c'était l'ermitage de Champtoceaux, à quelques lieues seulement de Bellefontaine; Marmoutiers, on se le rappelle, s'était fait bénédictin à l'arrivée de saint Maur.

Le couvent de Bellefontaine était une abbaye royale; les rois, qui ne le sait déjà, avaient des monastères dont ils étaient abbés séculiers, abbés commendataires; aussi apportaient-ils dans ces domaines de la couronne, les dispositions de leurs châteaux; on y creusait des douves, qu'on remplissait d'eau, on élevait des machicoulis, des meurtrières, des donjons, des tours de défense; les monastères devenaient de véritables citadelles, de vrais chateaux-forts. Les rois avaient d'autant plus d'intérêt à se fortifier ainsi, que cette puissance était de la fortune; un roi qui montrait ses canons, pouvait exiger d'avantage, et commander à tout le pays qui lui apportait des redevances considérables, d'énormes dîmes. Du reste, ces monastères, à cette époque de division militaire de la

France, lorsque les vassaux étaient plus grands, plus forts que le roi, devaient être nécessairement fortifiés, pour échapper à un coup de main de ces voisins ambitieux, ou à ces barbares du nord, qui étaient l'effroi de ces temps de guerre, et qui s'insinuaient par les fleuves, par les rivières dans toutes les parties du territoire qu'ils pillaient, qu'ils dévastaient sans pitié ni merci.

Aussi pendant de longs siècles, Bellefontaine qui était un riche et magnifique monastère, fut le jouet de mille vicissitudes, de mille incidents divers : la guerre, le schisme, l'hérésie, étaient les fléaux de la société et des monastères. Ces hommes d'armes qui pénétraient dans ces cloîtres au gré, aux caprices du sort et de la victoire, portaient leurs mœurs dissolues jusque dans ces asiles de la retraite, jusque dans ces demeures de la pénitence ; il est bien difficile de vivre en pieux anachorète au milieu du bruit, au milieu de ces ambitions qui se croisent et se chassent, qui n'aspirent qu'à vaincre et à posséder. La solitude a perdu tous ses caractères, et ce n'est plus un lieu de prières et de méditation, c'est le monde jeté dans le désert, c'est la règle de saint Benoît chassée de ses asiles.

Aussi en 1642, l'abbé commandataire de Bellefontaine, qui était riche autant que vertueux, pour rappeler la pénitence dans ces murs monastiques, abandonna cette abbaye aux *feuillants*, qui n'étaient qu'une fraction réformée de la grande Congrégation de Cîteaux. Depuis près de deux ans, cet Ordre nouveau habitait Paris. Le roi Henri III, comme nous l'avons dit ailleurs, les avait fait venir du diocèse de Rieux, à Paris, vers l'an 1567, où Jean de la Barrière les avait créés. Il les établit près des

Tuileries, où existe aujourd'hui la rue de Rivoli, et la terrasse qui s'appelle encore l'allée des Feuillants.

Ces religieux étaient d'une austérité qui leur avait donné une grande réputation de sainteté ; ils marchaient sans autres chaussures que des sandales ou des socques ; ils avaient la tête nue et couchaient tout habillés sur des lits de planches. On a dit, et je répugne à le croire, qu'ils buvaient dans des crânes, comme ces chevaliers imaginés par je ne sais quels romanciers ; les moines n'ont pas besoin de se désaltérer dans ces coupes osseuses pour méditer sur la mort et se préparer à l'éternité.

Quoi qu'il en soit, les Feuillants occupaient encore Bellefontaine à la fin du siècle dernier ; c'était toujours un riche et puissant monastère, qui jouissait de nombreux titres, de prérogatives importantes. Tous les mariages du pays étaient tributaires de Bellefontaine. Je me rappelle encore un vieux Vendéen qui comptait bien des années et bien des fatigues ; son corps courbé, ses quelques cheveux blanchis, attestaient son grand âge. Il me racontait un soir, à la veillée, dans l'âtre de sa cheminée, à la lueur enfumée de sa résine, que le jour de son mariage il était allé, en société de sa compagne nouvelle, porter au monastère redevances grasses et bons écus sonnants ; les Trappistes les reçurent avec beaucoup d'égards, l'hospitalité fut gracieuse. Le repas de noces fini, les époux s'en retournèrent à la ferme, heureux d'avoir satisfait à la prescription monastique.

Mais enfin la révolution vint, Bellefontaine ne fut pas plus épargnée que les autres monastères ; l'abbaye ne pouvait trouver grâce devant l'impiété qui travaillait alors la société, et aux yeux surtout d'ambitieux qui étaient las de ne rien posséder, et qui couvaient de l'œil les biens des moines. Le 25 mai 1791, le district de Chollet vendit les bâtiments et les terres de Bellefontaine, les religieux furent dispersés ; le plus grand nombre rentra dans le monde avec l'argent qu'ils purent sauver de ce cataclysme révolutionnaire ; quelques-uns, effrayés de ce châtiment du ciel, allèrent au-delà des frontières chercher un gîte pour la pénitence.

Dans ce pays, également appelé Vendée, pays aussi étranger au reste de la France par son aspect physique que par ses mœurs, la révolution blessa toutes les affections et les croyances, détruisit tout le repos et le bonheur des habitants. Le régime féodal était là, tout patriarchal et bienfaisant ; les seigneurs peu riches, simples et vertueux, vivaient en pères et en amis avec leurs vassaux. Les prêtres, il est vrai, manquaient d'instruction, mais ils étaient pieux et de mœurs irréprochables.

Les paysans ne comprenant donc pas une révolution qui était le résultat de croyances et de besoins entièrement étrangers à leur situation, continuèrent à payer les dîmes et les droits féodaux. Ils voulaient avoir pour maire leur seigneur, et ne pouvaient supporter les prêtres constitutionnels, aussi pour mettre leur croyance et leur piété à couvert, n'ayant pas de catacombes, comme les premiers chrétiens, ils allèrent dans les bois entendre la messe des prêtres restés fidèles aux constitutions de l'église. Ces paysans se mirent donc en opposition avec les habitants des villes qui avaient des opinions bien différentes, aussi le soulèvement devint général, c'était une guerre religieuse à son principe ; dans une oraison funèbre tout récemment prononcée à la mémoire d'une noble dame, l'Évêque de Poitiers l'a éloquemment démontré : un paysan aux prises avec un soldat de la République qu'il serrait de près, lui criait : « Rends-moi mon Dieu, et je te laisserai. » Aussi tous les habitants marchaient par paroisses sous la bannière du saint du village. L'expédition faite, ils rentraient dans leurs foyers.

Ces armées vendéennes, qui parcouraient les campagnes, n'eurent pour Bellefontaine aucune pitié, l'abbaye était aux mains de détenteurs de biens nationaux, ils se vengeaient d'eux en ruinant leurs biens ; aussi que n'eut pas à souffrir ce couvent jadis si beau, si somptueux ? Ces mêmes armées s'emparèrent enfin du monastère, ils y établirent leur quartier général, et y renfermèrent sous de solides verroux les prisonniers faits à la République. Voilà ce que fut Bellefontaine à cette époque, qui a laissé dans l'histoire de nos guerres civiles des pages si brûlantes d'intérêt, si palpitantes d'émotion, qui fourmillent d'épisodes les plus étranges comme les plus merveilleuses ; c'est presque du roman, et si ce pays n'était couvert de ruines, qui en sont comme les annales vivantes, on croirait aux contes de *Mille et une Nuits*.

Ces guerres éteintes, à la pacification de la Vendée, Bellefontaine devint morne et silencieuse, n'ayant pour habitants que le hibou et l'oiseau de proie ; les ronces et les épines poussèrent où s'élevaient autrefois les riches produits des jardins ; la désolation était partout, ce n'étaient que ruines, qu'habitations que le temps et l'oubli minaient. Cependant la spéculation, lorsqu'elle se crut en sécurité, s'occupa de tirer de ces terres le plus de revenu possible ; dans ces jours de misères et de souffrances, on fit de ce monastère de vastes fermes qui envahirent cloître, hôtelleries, etc. ; l'église devint un grenier à foin, des étables à bœufs.

Mais en 1815, lorsque le retour de la paix semblait promettre des temps heureux à la France, les moines se hâtèrent de revenir de l'exil ; et pendant que les religieux de Val-Sainte quittaient les montagnes de la Suisse pour les vallées du Perche, que ceux de Lulworth abandonnaient l'Angleterre pour venir repeupler Meilleraie, de pauvres moines, sous la conduite de dom Urbain Guillet, qui avaient fui la Suisse envahie par les armées françaises, qui avaient parcouru la Russie, la Prusse, l'Autriche, l'Allemagne tout entière, qui étaient allés en Amérique jusqu'aux glaces de la Podolie, revenaient du nouveau monde pour habiter le vieux monastère des Feuillants, l'abbaye de Bellefontaine.

Ces proscrits, partis de la Louisiane au mois d'octobre 1814, débarquaient après cinquante jours de navigation à l'île de Rhé, sur les côtes de France, d'où la petite colonie fit ensuite route pour La Rochelle. On leur offrit l'hospitalité la plus gracieuse, et dans cette cité du calvinisme, de l'hérésie, ces exilés furent accueillis comme des Pères retrouvés ; ils n'acceptèrent d'autre demeure que celle du Grand-Séminaire.

Enfin dom Urbain se mit en quête d'un monastère où il put aller se reposer avec ses enfants de la pénitence, de ses longues pérégrinations, de ses fatigues et de ses souffrances ; un instant il s'était décidé à faire dans le joli port des Sables-d'Olonnes, sur les bords de la plus délicieuse plage du monde, l'acquisition d'un ancien ermitage ; mais ce projet fut déjoué par les événements, il y fallut renoncer.

A quelques mois de là, il acheta l'abbaye de Bellefontaine des propriétaires qui la possédaient encore comme bien national. Nous étions en 1817, il y avait juste deux ans que cette pauvre colonie était en France ballotée par les événements politiques. Le prieur dom Urbain venait enfin de signer l'acte d'acquisition chez un officier ministériel de Chollet : le monastère lui appartenait et sa propriété lui était garantie par la Charte, par les lois du pays, on ne pouvait plus l'en déposséder.

Le Père Urbain touchait le port si longtemps désiré, il venait de jeter l'ancre sur des rivages amis, il pouvait enfin se consoler de ses ennuis, il avait un gîte, un asile assuré contre la haine et la persécution ; mais après de si longs tourments il ne lui fut pas même donné de jouir de cette terre promise : la mort vint le frapper au lendemain de cette acquisition nouvelle, au lieu même du contrat. C'est sur un lit d'hôpital qu'il rend le dernier soupir entre la souffrance et la misère. En sentant sa fin prochaine arriver il avait demandé comme une faveur, comme une grâce, d'être conduit à l'hôpital de la ville de Chollet : « pauvre et malheureux toute ma vie, je veux mourir comme j'ai vécu. »

Nous étions au mois d'avril de cette même année 1817, c'était le jour du Jeudi-Saint : les chrétiens étaient en deuil, ils célébraient dans les larmes l'anniversaire de la mort du Christ ; les autels étaient sans ornements, sans insigne aucun, le Sauveur était au tombeau ; dans la cours de l'enclos de cette demeure, qu'on appelle l'Hôtel de Dieu, était une bière de planches réunies à la hâte et mal jointes, un drap noir recouvrait le tout, c'était le cercueil où reposait le Père Urbain : voilà ce qu'il restait de cet homme qui, au lieu de la retraite et du repos rêvé par lui, avait trouvé l'agitation et le mouvement ; de cet homme qui avait été plus grand que les événements mêmes, puisqu'il avait su les dominer par son énergie et sa résignation, plus grand que la persécution puisqu'elle n'avait pu le vaincre et l'abattre.

Sous ce drap reposait un moine à l'âme énergique, qui avait enduré toutes les tortures, toutes les souffrances imaginables ; jeté d'un bout du monde à l'autre, il avait eu tous les courages parce qu'il avait éprouvé tous les dangers ; demandez à l'histoire si elle connaît un plus beau caractère que celui de cet anachorète, demandez lui surtout si elle sait plus de force d'âme, d'énergie, de volonté et de confiance en Dieu.

Autour de cette modeste bière étaient réunis douze ou quinze moines ; c'étaient les enfants, les fils monastiques de dom Urbain ; ceux qui avaient partagé ses fatigues et ses souffrances, et qui avaient mis en lui leur espérance et leur avenir ici-bas. C'était une scène étrange que ce convoi de Trappistes au lendemain d'une révolution, dans ces murs qui jadis étaient l'asile de la pénitence, une maison de retraite et de prière, un monastère de bénédictins peut-être.

Le cortége se mit en mouvement dans le plus morne silence, précédé de la croix de bois qui avait accompagné les moines dans toutes leurs excursions, jusqu'au fond du Nouveau-Monde. Tous ces religieux témoignaient de la grandeur de la perte qu'ils faisaient, par les larmes qui s'échappaient de leurs yeux, par la tristesse empreinte sur leurs visages ; quelques prêtres en habit de chœur étaient venus mêler leurs vœux aux prières de ces moines.

C'est ainsi que ces ermites traversèrent la ville de Chollet emportant sur leurs épaules ces restes si chers à leurs souvenirs. Cette procession de la mort, à travers les champs, dans ces sentiers sinueux et profonds, qui étaient alors les seuls chemins de ce pays de bocage et dont le silence n'était interrompu que par les psaumes que psalmodiaient ces moines sur un ton plein de tristesse et de gravité, devait offrir un spectacle impossible à rendre. Tous les paysans vendéens accouraient à la rencontre de ce convoi funèbre, s'agenouillaient à son passage, puis grossissaient le cortége de moines jusqu'à l'église la plus voisine ou jusqu'à la première croix plantée sur le bord du chemin, on y reposait le cadavre, on chantait quelques prières et le vieux soldat redevenu fermier, piquait sa petite croix de bois, selon une vieille coutume qui se perpétue depuis des siècles, dans ce pays de foi et de mœurs primitives.

Arrivés au monastère de Bellefontaine, les pauvres Trappistes durent sentir leur cœur se serrer de tristesse et de douleur ; la cloche du couvent était muette ; il y avait plus de vingt ans que des mains impies l'avaient arrachée à son modeste clocher ; l'église veuve de ses prêtres, n'était plus le temple de Dieu, la spéculation avait tout envahi : la cour de l'enclos monastique était une vaste ferme où s'étaient élevées sans ordre des habitations d'agriculteurs, de colons qui ne pouvaient se faire à l'idée de rendre aux moines leur antique abbaye ; le cimetière lui-même avait disparu sous les ronces et les épines qui croissaient sur de vieilles tombes qui n'avaient plus de croix pour les abriter, et qui demeuraient oubliées depuis de longues années.

Ils déposèrent le cadavre de leur Père, dans une salle noircie par la fumée, et qui n'avait pour ornement que l'image du Christ qu'on avait élevée sur une table entre deux petits cierges de cire jaune ; c'est là que les moines prosternés jusqu'à terre rendirent à dom Urbain les derniers devoirs, c'est là qu'ils lui firent un suprême adieu.

On avait écarté les ronces du cimetière, une tombe avait été creusée, on y descendit les restes inanimés du meilleur des hommes, du moine le plus fervent, le plus résigné qui se puise imaginer ; on recouvrit ce tertre modeste, ce monticule, d'une petite croix de bois où l'on inscrivit le nom de l'illustre mort. Cette tombe fut le premier fondement du nouveau monastère.

La maison qu'occupèrent ces moines jusqu'à l'expiration des baux fut celle qui sert aujourd'hui d'hôtellerie : rien n'est modeste comme ce gîte de l'hospitalité monastique ; c'est cette demeure qu'on aperçoit à gauche en entrant dans la cour de l'enclos. Les Trappistes n'ont pas voulu sans aucun doute y rien changer par vénération pour ce lieu qui fut celui qui abrita les premiers jours de leur souffrance et leur misère. La nécessité se fit ingénieuse, on fit une chapelle d'un petit réduit qu'on installa de son mieux, une statue mutilée, deux images sur cartons, voilà tout l'ornement de l'autel devant lequel venaient s'agenouiller ces pauvres enfants de la pénitence. Le dortoir, le réfectoire, le chapitre et le vestiaire, avaient été créés on ne sait trop comment ; on savait se contenter de peu, on savait se gêner et attendre un avenir plus heureux.

Ces moines étaient si pauvres qu'à chaque instant ils

manquaient du nécessaire ; confiants en Dieu, ils ne savaient guère la veille ce qu'ils auraient pour vivre le lendemain ; c'était la pauvreté monastique pratiquée à la lettre même.

Mais bientôt des jours meilleurs se levèrent pour l'Abbaye. En 1821, les fermiers étant arrivés à fin de bail, se retirèrent du vieux domaine monastique et laissèrent aux Trappistes le soin de cultiver toutes leurs terres. La Communauté avait alors pour père-abbé, dom Marie-Michel, qui, malgré son jeune âge, n'en était pas moins déjà un homme d'un grand savoir théologique et d'une érudition profonde. Sous son gouvernement, on se mit activement à l'œuvre, on déblaya les ruines, on assainit les cours en écoulant les eaux des étables, en asséchant les terres ; on fit pénétrer l'air et le soleil au milieu de tous ces bâtiments entassés sans ordre comme sans pensées hygiéniques ; on renversa tout ce qui était inutile ou gênant, et bientôt l'ordre se fit au milieu de ce cahos, dans ce déluge de pierres : Bellefontaine, l'antique monastère, sortit enfin de ses ruines.

Aujourd'hui, c'est un riant et délicieux ermitage. La Communauté proprement dite forme un groupe unique au milieu de l'enclos qui est fermé moitié de murs, moitié de haies d'aubépine taillées en gracieuses palissades. L'église qui domine cet ensemble est bien une des plus remarquables constructions religieuses du pays, elle est toute entière bâtie de ces belles pierres de Mortagne, qu'on exporte dans toute la France, et qui forment la base de nos plus beaux édifices. Une partie de la chapelle doit remonter, comme à Meilleraie, aux premiers temps de l'Abbaye de Bellefontaine, c'est le côté droit de l'abside; évidemment c'est le **XII**e siècle qui s'étudie, qui se forme; on reconnait son architecture qui est encore dans l'enfance; les figures grotesques y sont informes, mal taillées dans la pierre de grison; le reste de l'église est construit sur la même pensée, dans le même style, style grec; mais il n'est point de la même époque, on reconnait aisément la marque des âges qui ont concouru à son édification.

Comme à Meilleraie, c'est une croix latine; mais dans le fond de la nef, derrière le chœur des Pères Trappistes, est une chapelle en forme de cul-de-four pour les Frères convers, il n'y a qu'une porte qui s'ouvre pour les étrangers dans un des bras du transeps, et encore est-elle toute simple, toute modeste. On a ménagé pour les moines une autre porte qui met la chapelle en communication avec les cloîtres; la sacristie est placée derrière l'autel qui n'a de remarquable comme dans tous les monastères que son excessive simplicité, cette sacristie est tenue avec beaucoup d'ordre et de propreté, *paupertas semper, sordes numquam,* c'est surtout dans la maison du Seigneur, que ce principe de saint Bernard est d'application.

Dans cette sacristie monastique, on me fit voir un reliquaire vitré, que cachaient des rideaux de serge bleue; le Père hôtellier qui me conduisait à travers les murs de Bellefontaine, me fit monter sur un petit meuble pour contempler ces restes qui sont ceux de saint Placide; c'est une charpente osseuse que le temps a bronzé.

Comme je félicitais le monastère de posséder les reliques d'un des premiers disciples de la vie cénobitique, d'un des apôtres de saint Benoît, le père hôtellier me dit avec une franchise, une bonhomie parfaite : Dom Guéranger, le révérend père abbé des Bénédictins de Solesmes qui nous venait visiter il y a peu de mois encore, nous assurait qu'il est une ville d'Italie, je ne sais plus laquelle, qui prétend comme Bellefontaine posséder le même trésor. Cela dit, le bon père refermant le rideau, n'en inclina pas moins son front devant ces restes augustes, qui sont sans doute une partie de ceux que Dom Guéranger à vus en Italie. Il me fit voir aussi une fort belle crosse d'ivoire, artistement sculptée. Comme il n'existe point d'abbatiale, point de pensionnaire au monastère de Bellefontaine; aussi n'est-il pour eux dans la chapelle, ni tribunes, ni places réservées.

De l'église mon guide me conduisit dans les cloîtres, au centre desquels est le petit cimetière du couvent. Je m'arrêtai un instant à compter ces tombes de la mort, qui sont là, le jour et la nuit sous l'œil de ces pieux ermites, comme ces sentinelles de l'antiquité qui criaient à tout venant : « Passant garde à toi.» Il y en avait peut-être quatre-vingts ou cent, ce qui fait un peu plus de deux morts par an, car voilà juste quarante ans que les enfants de saint Benoît ont retrouvé l'ermitage de Bellefontaine. Nous visitâmes la cuisine de la communauté où cuisait dans de vastes chaudières, le modeste dîner des moines; de là, nous allâmes au réfectoire, puis à la bibliothèque. Je fus surpris d'y trouver tant de richesses scientifiques et littéraires; ce vaste temple des études renferme des milliers de volumes, c'est une véritable bibliothèque de bénédictins. Cluny n'avait pas sans doute un trésor qui fût plus digne d'envie ; mais le temps pressait, je ne pus que jeter un œil rapide sur un catalogue qui formait à lui seul presque un *in-folio*.

En sortant de la bibliothèque, je remarquai une porte fermée, sur laquelle était écrit le mot *Enfer*. Le père hôtellier m'apprit que c'était là que demeuraient emprisonnés sous de solides verroux, les auteurs dont les livres exhalent la peste et la mort ; personne n'y pénètre que ceux qui, pour connaître le remède, ont besoin de connaître le danger, car pour combattre le mal, il faut parfois l'étudier, il n'est si bon moraliste qui ne sache Voltaire et Jean-Jacques.

Les dortoirs m'ont paru d'une très grande propreté, l'air et le soleil y pénétraient largement, assainissant toutes les parties de ce gîte du repos ; ils ont vue sur les jardins et les prairies du couvent et sont du reste absolument disposés, comme à la Trappe, comme à Meilleraie.

La partie de la communauté, dans laquelle s'ouvre la Porte d'Honneur, est toute de grison et a je ne sais quel aspect antique qui impressionne très-vivement. Son chapiteau porte une écusson aux armes des rois de France : ce sont trois fleurs de lys, que les Révolutions ont respectées. Je n'ai pu savoir quel est le monarque qui les a fait sculpter, alors, sans doute qu'il était l'abbé commendataire, le royal maître de Bellefontaine.

On voit encore les traces des meurtrières qui gardaient jadis au bruit de la poudre cette asile de la prière et de la pénitence ; les fossés n'existent plus, ils ont été comblés, et font aujourd'hui partie de la cour de l'enclos. Tout ce qui rappelle cette époque de guerre et de féodalité a disparu, pour ne laisser voir sur ces murs monastiques que

15^x

les attributs du Dieu, devenu l'unique maitre de cet ermitage de l'Anjou.

Je ne puis penser à Bellefontaine sans retrouver dans mes souvenirs d'enfance, de délicieuses impressions. Tout près de ce monastère, était un collége où de jeunes lévites du Seigneur, venaient se préparer au service des autels, où des enfants venaient pour le monde, former leur cœur et leur esprit ; de cet athénée catholique est sorti plus d'un prince de l'Eglise, plus d'un magistrat, plus d'un homme d'Etat, plus d'un ministre même. C'était une pépinière célèbre qui croissait sous un nom béni, sous celui d'Urbain Mongazon : homme de cœur, autant que vertueux et bon, tous ses disciples étaient ses enfants, ils l'aimaient comme un père, et pour chacun d'eux ses traits, son image demeurent ineffaçables malgré la mort.

Chaque année aux beaux jours d'été, ces jeunes élèves allaient en longue procession, bannière déployée, sous l'oriflamme de la patrone du collège, faire pélerinage au monastère de Bellefontaine. Était-il pensée plus sage, meilleure conseillère? toutes ces jeunes intelligences qui s'ouvraient à l'espérance venaient apprendre, près de ces ermites, ce que vaut le monde, ce que vaut le ciel ; le mépris des plaisirs, et des joies de la terre. Ce spectacle était une longue leçon de morale et de vertu.

Je me souviens surtout d'un pélerinage, et ce fut le dernier, que nous exécutâmes le 30 juillet 1830, nous étions en pleine révolution, tous les esprits étaient en feu. Nous passions au milieu des populations inquiètes : quelques vieux soldats des armées de Bonchamps et de Charette, avaient détaché de l'âtre de la cheminée, l'épée de la bataille de Torfou, la vieille carabine de 93, et sur

le seuil de leurs portes fourbissaient ces armes qui semblaient reposer pour toujours. Dans les temples, où nous
nous arrêtions pour prier et chanter les hymnes, les
cantiques à la gloire de Dieu, nous étions reçus dans les
larmes et les sanglots. Nous rencontrions des femmes
qui tremblaient encore au souvenir des horreurs de nos
guerres civiles. Nous ne trouvâmes de calme et de muette
résignation, qu'au monastère de Bellefontaine, il nous
semblait que cette solitude était inaccessible à la politique;
la France était bouleversée jusque dans ses fondements,
les moines seuls demeuraient impassibles : c'est que leur
existence repose sur Dieu seul, que les catastrophes du
monde ne les touchent plus; aussi pas un anachorète, pas
un trappiste, ne vint exalter nos jeunes imaginations, au
bruit du trône de l'héritier de saint Louis qui croulait dans
la poussière et l'anarchie; nous étions dans ce délicieux
vallon, au milieu des bois taillis, sans préoccupation,
sans inquiétude.

Aussi notre surprise fut grande lorsque nous apprimes
plus tard, les persécutions qui fondirent sur cette maison
religieuse, nous avions cru ces moines à l'abri de la
tourmente révolutionnaire, puisqu'ils étaient pour elle
sans danger. Ce n'est pas nous qui portons au cœur un
si cruel souvenir de ces guerres civiles, qui voudrions
cacher la vérité; la douleur est souvent plus forte que la
raison, et difficilement on sait taire ce qui vous peine et
vous afflige.

Nous passâmes cette délicieuse journée, **en** pèlerins,
autour d'une chapelle que les Trappistes ont fait édifier
près d'une source, dont l'eau claire et peut-être aussi
quelque peu miraculeuse a fait donner à ce désert le

nom de Bellefontaine. Rien n'est pieux et saintement mélancolique comme ce petit temple monastique, il est orné avec luxe, avec un goût exquis ; les chrétiens du bocage l'ont en grande vénération, on y vient en foule prier et méditer près de ces hommes de Dieu, près des fervents anachorètes de cette Thébaïde moderne.

Voilà les trois grands monastères qui furent en France comme les aînés de l'ordre, à la restauration des Bernardins. Ce sont eux qui reçurent de Grégoire XVI le dépôt sacré de la règle monastique : on se le rappelle et nous le répétons une seconde fois avec intention, le Saint-Siége décida que l'abbé de la Grande-Trappe serait à perpétuité le vicaire-général de la Congrégation, mais il fallait, comme à Citeaux, contrebalancer l'autorité de ce chef unique par un chapitre général et par l'importance des quatre abbés des quatre premières maisons. On régla que le vicaire-général tiendrait tous les ans le chapitre, et que pendant qu'il visiterait chaque monastère, le sien serait visité par les quatre premiers abbés. Ce furent ceux de Meilleraie et de Bellefontaine qui furent choisis pour représenter l'étroite observance, la règle de saint Benoît dans toute sa rigueur ; les abbés du Port-du-Salut et du Gard furent désignés par le Saint-Père, comme étant les maisons les plus anciennement attachées à la constitution de l'abbé de Rancé.

Le Port-du-Salut de Laval date de 1818 ; il est édifié dans la commune d'Entrammes, département de la Mayenne, sur les ruines d'un ancien monastère de Genovéfains, on désignait ainsi un ordre de chanoines réguliers de sainte Geneviève, on les appelait aussi les chanoines de la Congrégation de France. Leurs armes étaient d'azur, à une main tenant un cœur enflammé, et pour

devise : *super emineat charitas*. Leurs fonctions étaient
de desservir les paroisses, d'administrer spirituellement
les hôpitaux et les maisons de charité ; ils dirigeaient
aussi les séminaires et rendaient aux catholiques tous
les services du ministère actif. Ce monastère se nommait
avant la révolution de 89 le Port-Theingeard, il prit
sous ses nouveaux propriétaires le nom de Port-du-Salut
de Laval. Ces moines adoptèrent, nous venons de le
dire, la constitution de l'abbé de Rancé, et Pie VII
par un bref du 10 Décembre 1816 érigea leur monastère
en abbaye. Cette demeure sainte prospère à la satisfaction
de tout le pays, c'est un pieux asile que la pauvreté
recherche, que l'aisance vénère.

Ce que nous venons de dire, nous pouvons le répéter
du monastère du Gard, le frère jumeau du Port-du-
Salut. Ce couvent est établi entre Amiens et Abbeville,
sur les bords de la Somme, près de Pecquigny, au
lieu même où Guermond Vidame de Pecquigny fonda,
en 1137, dit M. Gaillardin, un monastère qu'il donna
aux Cisterciens. Clerlieu, fille de Clairvaux, fut la mère
du monastère du Gard.

Il est encore beaucoup d'autres monastères, comme
ceux de Mondaye, d'Aiguebelle, des Forges, de Vaise,
de Saint-Aubin, de la Sainte-Baume, de Briquebec, et
de Thimadeuc en Bretagne, dont nous devrions faire
l'histoire, mais nous tomberions dans des redites conti-
nuelles. Ce que nous venons de raconter de Meilleraie,
de la Trappe, de Bellefontaine, des monastères du Gard
et du Port-du-Salut de Laval, suffisent assurément à
tout pélerin pour visiter avec intérêt tous les couvents
de France.

Nous voulons cependant dire un mot encore de Font-Combaud et de Staoueli.

Font-Combaud, on le sait déjà, est de la filiation de Meilleraie ; c'est, on le voit, pour nous une création qui doit vivement nous intéresser, elle est la plus récente de la Congrégation de la Trappe.

Ce monastère est établi dans le diocèse de Bourges sur les limites du Poitou. Vers le milieu du onzième siècle, dit une pieuse légende, au rapport de M. Grand-maison, cheminait un homme vêtu de l'habit des pauvres, mais à son œil martial, à son front élevé, à ses traits respirant une noble distinction, le regard le moins exercé, eut aussitôt deviné qu'il n'avait pas toujours porté la livrée de la misère.

La tradition raconte que le sang royal coulait dans ses veines, il se nommait Font-Combaud. Il cherchait une retraite inaccessible aux yeux des hommes ; son choix tomba sur le lieu le plus triste et le plus sauvage, et c'est là que ses années s'écoulèrent dans la prière et le silence, jusqu'au moment où il s'endormit dans le Seigneur.

Pierre de l'Étoile, en 1079 y avait bâti une chapelle sous l'invocation de saint Julien, autour de laquelle vinrent se grouper de nombreux anachorètes qui cherchaient Dieu et la retraite ; ils taillèrent dans le roc leur cellule monastique. On ne peut rien imaginer de plus émouvant, que cet ermitage creusé dans la pierre.

C'est ce monastère, abandonné depuis 89 que des Trappistes de Meilleraie vinrent repeupler le 1er novembre 1849. A quelques jours de là, eut lieu la magnifique cérémonie de prise de possession.

C'était un spectacle saisissant, que ces flots de peuples

qui se pressaient religieusement dans les ruines de la vieille basilique abbatiale de Font-Combaud. Singulier rapprochement! on relevait au milieu de toutes les préoccupations d'une révolution terrible, des murs que les fils aînés des révolutionnaires avaient renversés dans leur rage impie! mais les moines qui ont foi en Dieu espèrent en lui, édifient au milieu même de la tourmente.

Ces ermites, ont fait à Font-Combaud ce que leurs frères ont fait de Meilleraie : ils ont régénéré le pays, l'agriculture prospère aux exemples de leur dévouement, aux conseils de leur expérience ; ce sont d'intelligents ouvriers qui fondent l'avenir en édifiant le présent.

Mais leur titre le plus incontestable à la reconnaissance, à l'affection publique, ce sont les soins et la patience qu'ils apportent à réconcilier avec la vertu de jeunes et pauvres enfants, que le malheur ou une éducation vicieuse a rendu pervers avant l'âge. A l'exemple du vénérable M. Demêtz, les moines de Font-Combaud cultivent ces enfants avec un soin, un dévouement, qui les fait bénir de tous ceux qui les approchent. Rien n'est curieux à voir, comme ces petits colons se rendant à l'ouvrage, dans l'ordre, dans le recueillement le plus parfait ; vous diriez des hommes, tant ils ont le sentiment du devoir et de la discipline.

Voilà la mission sainte que ce sont donnés de pieux ermites, qui ont préféré les ennuis, les dégoûts d'une éducation difficile aux douceurs de la vie de solitude et de retraite.

Qui donc oserait maintenant jeter l'anathème à ces pieux enfants de saint Benoit, à ces fils de la pénitence ? comme le maitre ils passent en faisant le bien. Respectez-les au moins, si vous n'avez pas le courage de les imiter.

En 1843, à l'endroit même où les armées victorieuses de la France débarquèrent au mois de Juillet 1830, des moines vinrent fonder le monastère de Staoueli près d'Alger. Le maréchal Bugeaud, écrivait un jour à l'abbé de la GrandeTrappe : « après que la guerre a conquis le » sol par la force, la religion vient en assurer la propriété » par la civilisation ; après l'épée la prière, après le soldat » le moine, après la violence le travail. »

C'est ainsi qu'un vieux capitaine qui avait vaincu cent tribus arabes, qui avait illustré son nom des lauriers de la bataille d'Isly, proclamait à la face de l'Europe que les moines étaient des soldats nécessaires à la conquête d'Afrique, qu'ils étaient son complément indispensable.

Le Gouvernement Français savait bien qu'une colonie qu'on a conquise par l'épée ne s'asseoit que dans la prospérité, et la fécondité du sol. Il fallait à ces champs incultes des bras intelligents et dévoués, à ces sillons, il fallait des hommes d'énergie, pour remplacer ces fils de Mahomet, qui habitués à la paresse préféraient les privations au travail, la pauvreté à la fatigue du jour ; et qui fuyant les lumières, et les richesses de notre civilisation, étaient allés en guerroyeurs se retrancher sur leurs montagnes de la Kabylie. Aussi l'Etat s'efforça-t-il d'acclimater sur ces rivages lointains cet essaim d'agriculteurs monastiques, ces intrépides ouvriers de la pénitence, qui veulent faire leur cour à Dieu, en se faisant les humbles serviteurs de leurs frères, en travaillant à leur bien-être.

L'Algérie accueillit avec faveur ce *Marabout* chrétien, ce monastère de France ; c'était du reste de sage politique, d'excellente administration domestique. Ces moines apportaient avec eux, l'expérience longtemps mûrie dans le travail des champs, une obéissance passive, qui ne sait ni raison, ni excuse; une ardeur infatigable parce qu'elle a Dieu pour but et pour raison. Aussi le maréchal Bugeaud fut-il chargé de leur concéder mille vingt hectares de terrain.

Les conditions qu'on leur appliqua furent celles qu'on octroya à tous les autres colons : société d'agriculteurs, ces ermites traitèrent avec le gouvernement de la même manière qu'il traitait avec les individus ou les compagnies. Les moines s'engageaient à défricher dans le cours de dix années, les terres qu'ils avaient obtenues par concession et à planter 2,000 arbres par an ; pour aider cette exploitation, le Gouvernement Français leur prêta à intérêt une somme de soixante deux mille francs, puis leur donna les bestiaux, le riz, les légumes nécessaires à une première année d'agriculture.

Ces dix années écoulées, les Trappistes sont devenus les propriétaires de cette vaste plaine de Staoueli ; ils ont rendu avec intérêt les soixante-deux mille francs, et de plus, après avoir payé les droits de mutation, ils paient les impôts comme tous les colons, qui ont pris racine sur ce sol africain.

Que de souffrances ces anachorètes ont eues à endurer, que de privations il leur a fallu supporter! mais leur volonté, leur résignation en Dieu a été plus forte que le climat avec ses miasmes délétères, que son soleil tropical et les maladies qu'il engendre ; ces généreux ermites ont triomphé de tous les obstacles, ils ont surmonté toutes les difficultés. Aujourd'hui le couvent de Staoueli, est une magnifique ferme, un marabout qui, à

l'ombre de sa croix de bois, défie les Marabouts du Crois-
sant. Cette demeure de Dieu est aussi celle du génie de
l'agriculture.

L'Algérie doit à ce monastère, une grande partie de
sa prospérité, elle lui devra son avenir. Ces moines
enrichissant cette vallée, ont dû donner la mesure des
espérances qu'on pouvait fonder sur cette terre d'Afrique,
et établir la fortune que le travail et la persévérance y
pouvaient trouver. Aussi à leur suite, une armée de travailleurs est venue s'implanter sur ces rivages conquis,
et la France, n'a plus à craindre aujourd'hui de voir les
bras manquer à cette colonie ; son existence est assurée.

Le Gouvernement. tient tellement à cet ermitage qu'il
regarde Staoueli, comme le baromètre de la prospérité de
l'algérie, aussi l'Empereur veut-il être renseigné sur
tout ce qui se fait au monastère d'Afrique ; il suit avec
intérêt tous ses essais, toutes ses expériences, tous ses
succès ; rien n'est négligé pour encourager ses efforts,
pour aider ses tentatives, pour populariser ses expériences.

Vos dédains pour ces ermites, pour ces intrépides
travailleurs, dirons-nous à ces esprits prévenus, à ces
hommes égarés plutôt que coupables, ne sont-ils pas de
la folie? Ne voyez-vous pas inscrit en quelque endroit
que vous tourniez vos regards, la marque des bienfaits
de ces moines, de ces humbles pénitents qui s'oublient
pour ne penser qu'à vous, qui usent leurs corps pour
donner aux vôtres la richesse et le bien-être ? Cherchez
qui a plus fait pour l'humanité, qui a plus de droit à vos
respects, et à votre gratitude. Si vous ne trouvez pas dans
votre esprit et dans votre cœur un sentiment de recon-

naissance, il ne faut regretter que votre ignorance, seule elle doit être coupable.

Qu'il y avait eu dans l'histoire des moines, des feuillets tâchés, de ces pages qui accusent la faiblesse des hommes, qui témoignent de la corruptibilité de leur nature ; il n'y a rien là qui nous étonne, le contraire seul aurait le droit de nous surprendre. Mais ces hommes ne sont déchus de leur sainteté religieuse que lorsqu'ils se sont écartés de la règle monastique et ils ne se sont écartés de la règle monastique que lorsque le monde s'est installé de force ou de gré sous leurs cloitres, lorsqu'il y a porté ses exemples contagieux, lorsqu'à la place du calme et de la solitude, vous avez introduit dans leurs murs le trouble et l'agitation : vous y cherchez l'anachorète et vous y avez fait entrer le viveur du siècle, le dissipateur et l'ambitieux : le laboureur ne récolte sur son sillon que la semence qu'il y a jetée.

Nous n'avons encore rien dit des femmes trappistes, elles ont, dans cette grande congrégation de Citeaux, une existence trop importante pour que nous les passions sous silence. Mais avant d'être Trappistines, elles étaient Bénédictines, comme les moines dont nous venons de . faire l'histoire.

Il n'est pas facile de fixer d'une manière très-précise l'époque de l'origine de ces religieuses ; les auteurs ne sont pas d'accord entre eux sur ce point d'histoire monastique ; il semble que les plus anciens couvents de filles ne datent pas avant la mort de saint Benoît. La première maison religieuse qui s'offre à nos recherches est celle de Sainte-Croix de Poitiers, que sainte Radegonde, femme de Childebert Ier, roi de France, fit bâtir en 544. Sainte Clotilde, veuve de Clovis, fit construire l'ermitage de Chelles près Paris. La règle que suivaient ces couvents était celle de saint Benoit, appropriée sans doute à leur faiblesse ; mais nous n'avons aucune chronique qui nous donne sur leurs habitudes, sur leur état, des détails de quelque intérêt. — On sait que Humbeline, la sœur de saint Bernard, qui était venue en magnifique carrosse au monastère de Clairvaux, y fut assez mal reçue par son frère qui lui reprocha ses airs mondains, et sa dissipation anti-chrétienne : elle se convertit et créa une maison de prière qui fut sans doute aussi une maison de réforme.

En ce même temps, Robert d'Arbrissel fondait l'illustre monastère de Fontevrault. Robert était né de parents pauvres, en 1045, dans un petit village de Bretagne, nommé Arbrissel, dont il prit plus tard le nom. Elevé dans la piété dont sa famille lui donnait l'exemple, il réussit, bien que pauvre, à aller étudier à Paris, où il devint promptement un des premiers docteurs de l'Université ; nommé vicaire-général de Silvestre de la Guerche, évêque de Rennes, il quitta ce diocèse pour se retirer à Angers, et de là, dans la forêt de Craon, où il fut bientôt suivi d'un grand nombre d'anachorètes qui voulurent se faire ses disciples. Chargé par le Pape Urbain II, de prêcher la croisade, il décida en 1099 de fonder un couvent sous le nom de *Pauvres-de-Jésus-Christ,* sur les confins de l'Anjou et du Poitou, dans le vallon de Fontevrault ; par une bulle de 1113, le Saint-Siége exempta ce monastère de femmes de la juridiction de l'évêque ; ce privilége fut confirmé un siècle plus tard par Honorius III. Ce couvent fut soumis par son fondateur à la règle de saint Benoît; il mourut le 15 Février 1117, et fut enterré au monastère de Fontevrault.

A ce moment, le nombre des religieuses s'élevait à cinq mille, mais en 1248, il n'était plus que de sept cents, et en 1360 il était tombé à cinq cents. Les mêmes causes qui ont agi sur les couvents d'hommes, ont aussi démoralisé les maisons de religieuses; elles ont été soumises aux mêmes vicissitudes, aux mêmes influences. Quelques-unes secouèrent le joug de la règle de saint Benoît; tous les monastères en auraient peut-être fait autant, si dans les deux derniers siècles, de pieuses filles n'avaient reformé les monastères dont elles avaient le gouvernement, et n'y avaient fait revivre la loi du patriarche du Mont-Cassin. Déjà toutes les religieuses avaient pris l'habit de chanoinesse, comme dans les monastères de Montmartre, de la Trinité, de Caen et de Saintes, où elles portaient des robes blanches et des surplis de toile fine et empesée; mais en 1614, Jeanne de Bourbon, abbesse du monastère de Jouarre, leur fit quitter l'habit blanc et le rocher, elle supprima le bréviaire et ramena ces filles de la pénitence à plus de modestie; elle leur fit prendre l'habit noir et les obligea à la clôture.

Ce vêtement de religieuse consistait alors en une robe noire, un scapulaire de même couleur, et par-dessus la robe une tunique d'une étoffe qui, autant que cela se pouvait, n'était point teinte. Au chœur et dans les cérémonies, elles portaient un grand manteau de serge noire.

La plupart de ces monastères de cette époque étaient

16*

revenus au code de saint Benoît : les religieuses ne mangeaient de la viande que lorsqu'elles étaient malades, elles se levaient la nuit pour dire matines, et jeûnaient très-exactement depuis la fête de l'Exaltation de la Sainte-Croix jusqu'à Pâques.

Les religieuses de Cîteaux à la fin du dix-huitième siècle, dit M. Gaillardin, étaient déchues comme les moines, de leur sainteté primitive ; l'étroite observance avait à peine régénéré quelques-uns de leurs monastères, mais la colère de Dieu n'était sans doute pas apaisée, le vent des tempêtes brisa ces maisons de retraite ; la Révolution les avait dispersées. Un grand nombre de religieuses de divers ordres qui avaient été chassées de France pour n'avoir pas voulu profiter de *la liberté* de l'apostasie erraient sur la terre étrangère, cherchant un abri, un asile, une règle. Dom Augustin fonda pour elles, près de Val-Sainte, dans le Bas-Valais, le monastère de Saint-Branchier : c'est dom Urbain Guillet, le fondateur de Bellefontaine, qui en fut le supérieur. On les soumit aux mêmes règles que suivaient les Trappistes ; on ne saurait imaginer les épreuves que ces pieuses filles eurent à essuyer en acceptant les statuts de Val-Sainte : mais rien ne les épouvantait, elles se riaient de la mort. Ce monastère avait pris le nom de la Sainte-Volonté-de-Dieu. La princesse Louise-Adélaïde de Condé vint la seconde année de sa création, augmenter le nombre des novices, et se soumettre à tous les travaux, à toutes les humiliations de ce pauvre monastère.

Lorsque les Trappistes furent contraints de quitter Val-Sainte pour fuir devant les armées victorieuses de la République, ces saintes ermites les suivirent ; elles formaient une colonie qui marchait séparée des moines, et quand elles arrivaient dans une ville ou dans un village on leur trouvait un gîte, souvent bien humble, bien abject : les Trappistes allaient bivouaquer à une grande distance, ils recommençaient le lendemàin, sans savoir trop où ils porteraient leurs pas, où ils pourraient trouver un asile contre la persécution. Après avoir erré longtemps en Prusse, en Autriche, en Russie, ces émigrations obtinrent de revenir en Suisse.

Les religieuses avaient tant souffert dans le voyage de Russie, que presque toutes étaient infirmes : la rigueur du climat, dit encore l'auteur que nous citions tout à l'heure, les variations de l'air, les bivouacs au milieu des fleuves, ou sous la pluie, leur avaient ôté l'usage de leurs membres, plusieurs ne pouvaient marcher qu'à l'aide de béquilles ou de bâtons ; il en était qu'il fallait porter au chœur. On acheta pour leur bâtir un monastère la *Petite-Riedra*, à deux lieues de Val-Sainte, au pied d'une montagne.

Plus tard lorsque les Trappistes rentrèrent en France, ces saintes femmes allèrent occuper le domaine des Forges dans le Perche sur la paroisse de Saint-Ouen, qui prit le nom de monastère de l'Archange-Raphaël.

Vers 1818, les pauvres religieuses vinrent habiter le vieux pays d'Anjou et voici comment il advint que le Bocage, qui possédait déjà Bellefontaine s'enrichit de ce nouveau monastère.

Dom Augustin qui avait ramené ses moines de Val-Sainte au couvent de la Grande-Trappe, éprouvait des tribulations qui lui rendaient bien pénible le retour dans la patrie : aussi éprouvait-il souvent le besoin d'aller reposer son esprit et son cœur au couvent de Bellefontaine. Un jour une noble dame, qui s'affaissait déjà sous le poids des années, vint l'y trouver : choisissez mon révérend père, lui dit cette châtelaine, choisissez dans mes terres, un lieu pour y bâtir un monastère de religieuses, je vous fais don gratuit de tout ce qui vous sera d'utilité pour cette installation.

L'offre était généreuse et belle, Dom Augustin s'empressa de l'accepter ; il fit venir trois des Trappistines qui habitaient le monastère des Forges. Mais les pauvres filles, qu'il ne pouvait loger à l'abbaye de Bellefontaine, allèrent se caser dans une petite maison du bourg le plus voisin, à Beygrolle.

C'était un village bien triste et bien pauvre alors, perdu au milieu de landes immenses qui ne produisaient que des bruyères et des ronces ; aujourd'hui grâce au mouvement agricole imprimé par les moines de Bellefontaine, ce sont de magnifiques champs qui se couvrent chaque année des plus belles récoltes. C'est dans ce lieu qu'habitait la misère, que ces religieuses prirent gîte, et quel gîte grand Dieu ! une maison à peine éclairée, ayant pour parquet la terre humide, pour fermeture, une porte minée par le temps et la pluie, pour cheminée une de ces vastes ouvertures de vieux manoir, où le froid existe toujours quelque feu que vous fassiez ; pour lit un peu de paille ; l'atelier, car il fallait gagner sa vie, consistait à tourner le rouet : Beygrolle est un peuple de tisserands qui travaillent pour le commerce si réputé de la ville de Chollet.

Et cependant la vieille châtelaine faisait toujours attendre l'accomplissement de sa généreuse promesse.

Lorsqu'un jour on vint apprendre à ces pieuses filles qui vivaient en véritables cénobites dans leur humble réduit, que leur bienfaitrice venait de voir sa raison s'éteindre dans son grand âge, qu'on venait de lui donner un conseil judiciaire pour l'administration de ses biens, que toute espérance pour elles était perdue.

Elles se résignèrent en inclinant respectueusement leurs fronts sous la main qui les éprouvait si sévèrement : mais leur douleur fut de courte durée, Dieu sécha leurs larmes, et leur rendit au centuple ce qu'elles venaient de perdre.

Il existe dans le vieux pays d'Anjou entre Chemillé et Chollet, une véritable montagne, une sorte de puy, qu'on appelle *les Gardes*, parce que disent, les vieilles chroniques, César y fit camper ses armées, et que de ce lieu il pouvait se garder de ses ennemis, tant il était escarpé et de difficile ascension ; c'était un véritable Capitole.

De cette montagne le paysage est séduisant de beauté, l'horizon semble impossible à atteindre ; dans toutes les directions l'œil plonge à des distances effrayantes, on dirait le mont Sinaï où Dieu va donner sa Loi sainte à de faibles filles.

Jadis on y trouva, dit-on, une statue de Marie, enfouie dans la terre ; le merveilleux de cette découverte fit des habitants de cette montagne de fervents enfants de la mère de Dieu, et les pèlerins accoururent en foule prier la Madone du Puy de la Garde ; un monastère s'éleva pour satisfaire à la piété des chrétiens. Ce sont des Augustins qui l'habitèrent tout d'abord. Il est encore des vieillards du pays qui se rappellent avoir vu ces moines officier à la chapelle du couvent. On allait en pélerinage aux Gardes comme on va de nos jours à Sainte-Anne-d'Auray et en cent autres endroits.

La Révolution n'épargna pas plus cet ermitage que les autres, l'église fut détruite par les vendales du XVIIIe siècle. Mais la paix revenue, les habitants des Gardes contristés à la vue de ces ruines, résolurent de les relever ; on mit son intelligence en commun, chacun apporta ses connaissances et son activité à cette grande œuvre de reconstruction et bientôt les murs de la vieille chapelle du monastère s'élevèrent comme par enchantement. Le spectacle de tous ces ouvriers qui, semblable à un essaim de collaborateurs travaillaient à la réédification de leur ruche sainte, rappelait cette époque de foi et de passion artistique, où de nombreuses colonies composées d'ouvriers de tous les états, parcouraient le monde, élevant ces magnifiques basiliques qui font aujourd'hui la gloire du culte catholique et l'orgueil de la France. C'était quelque chose de sublime que tous ces hommes, qui prenaient sur le repos, sur leur nécessaire, pour rendre à Dieu son temple et ses autels.

L'œuvre était enfin achevée, la croix en couronnait déjà l'humble clocher.

Les habitants des Gardes, et plus d'un s'en souvient encore, députèrent vers dom Augustin l'élite du village. Ces ambassadeurs le supplièrent d'ordonner à ses religieuses si pauvrement logées dans le réduit de Beygrolle, de venir prendre possession de leur église et du vieux monastère des Augustins. Ces chrétiens de la Vendée ne mettaient qu'une condition à leur offre généreuse, c'était de pouvoir assister chaque jour à la messe du chapelain de la communauté.

Les conditions réglées et acceptées, on s'occupa d'approprier le vieil ermitage à sa nouvelle destination, et on alla en grande cérémonie chercher, en 1819, ces pauvres filles qui se mouraient de souffrance et de privations dans le petit bourg de Beygrolle ; cette maison annonça immédiatement ce qu'elle serait un jour : la première abbesse fut la Mère Thaïs. Déjà un grand nombre de novices étaient venues grossir la petite colonie trappistine ; chaque jour de nouvelles postulantes se présentaient aux portes de ce nouveau monastère : aussi cette prospérité décida les supérieures à réunir dans cette demeure toutes les filles de saint Benoît : on fit venir aux Gardes celles qui habitaient encore les Forges. Cette recrue acheva de donner à ce couvent cette fécondité qui fait de ce monastère la première maison de Trappistines de France.

Ces religieuses admises dans la congrégation de Cîteaux, devaient aussi retrouver une constitution nouvelle dans cette grande œuvre de réorganisation monastique qu'avait entrepris Grégoire XVI en 1834. Le chapitre général de 1835 rédigea des statuts que le Saint-Siége approuva sans peine.

Les Trappistines suivent presque toutes les pratiques en usage à Meilleraie, à Bellefontaine et à la Grande-Trappe : elles se lèvent et se couchent aux mêmes heures, et chantent les mêmes offices du jour et de la nuit, leur nourriture est peut-être un peu plus abondante et plus substantielle. Le déjeûner de Pâques à septembre est à dix heures et demie ; de septembre à Pâques, à onze heures et demie, et à midi les jours de jeûnes institués par l'Eglise ; le souper est à cinq

heures. Le silence est de rigueur comme à la Trappe,
mais avec cette différence toutefois qu'après le dîner elles
ont une petite récréation pendant laquelle on se promène
au jardin le chapelet à la main ou en lisant un livre
pieux ; la règle que j'ai sous les yeux ajoute : « Le silence
» sera si exact pendant cette demi-heure de récréation,
» qu'il ne sera pas même permis de parler à la première
» supérieure. »

Dans un autre chapitre, la règle du couvent dit . « Les
» Sœurs s'appliqueront de préférence aux ouvrages les
» plus simples, comme filer, coudre, etc.; autant qu'elles le
» pourront, elles aideront à faire le pain, le jardin, la
» cuisine, la lessive et autres choses qui se pratiquent
» dans un ménage ; évitant quantité d'ouvrages super-
» flus qui n'auraient pour but que de satisfaire la vanité
» et la curiosité ; elles ne feront jamais de broderie
» surtout en or et argent, à moins que ce ne soit pour
» le dehors.

» Les abbesses ou prieures sont élues par toutes les
» religieuses réunies, pour trois ans seulement : ce
» temps écoulé, la Mère supérieure sera remplacée ou
» réélue ; mais pour être réélue une seconde fois, il faut
» au moins les deux tiers des voix, pour être réélue une
» troisième ou une quatrième fois, il faut l'unanimité
» des voix. »

Voilà quel est, en raccourci, l'ordre des trappistines
de France : ce sont de saintes filles qui passent leur vie
dans le travail et la peine ; de pieuses pénitentes, qui
semblent campées sur cette montagne des Gardes, non
plus comme le conquérant des Gaules, pour s'y garder
de l'ennemi, mais pour se garder de l'esprit de luxe et

de démoralisation qui a tout envahi dans ce bas monde, qui s'est glissé jusque dans les régions les plus élevées de la société.

Comme Moïse, elles semblent prier sur la montagne pendant que leurs sœurs du monde combattent dans la plaine comme Josué ; de toutes parts vous apercevez cette colline sainte que Dieu semble n'avoir élevée si haut que pour mieux faire briller la vertu et la pénitence qui ennoblissent l'âme et la grandissent dans le Seigneur.

Vers l'époque où s'éleva le couvent de Notre-Dame-des-Gardes, des Trappistines fondaient près du Port-du-Salut, à Laval, le monastère de Sainte-Catherine. Ces religieuses suivent la constitution de M. l'abbé de Rancé, c'est un couvent prospère qui a dans le pays une grande réputation de sainteté ; il est gouverné par une abbesse, placée par un décret spécial du général de l'ordre de Citeaux, sous la juridiction de l'abbé du Port-du-Salut.

Nous venons de faire l'histoire abrégée des bernardins de France ; dans ce cadre, nous n'avons pu faire entrer tous les monastères qui ont existé ou qui vivent encore ; leur description, nous le répétons, nous eût entraîné dans des longueurs interminables, dans de fastidieuses redites. Ce que nous venons de raconter se retrouve dans toutes les communautés du même Ordre ; c'est toujours la même règle, les mêmes mœurs, les mêmes usages, il n'y a de différence que le site, que quelques accidents de terrain, que quelques modifications de gite monastique ; le pèlerin-visiteur peut donc, avec ce guide quelque imparfait qu'il soit, parcourir tous les couvents de la grande Congrégation Trappistine, réorganisée par Grégoire XVI d'illustre mémoire.

A aucune époque que nous sachions, la vie monastique n'a été plus libre dans son action, plus dégagée de toute entrave; elle est l'expression sincère d'un sentiment pieux, d'un besoin de la solitude; il n'y a plus ni pression, ni contrainte, le cœur et la conscience retiennent seuls le chrétien dans ces cloîtres de la pénitence; Dieu y appelle l'anachorète, c'est encore Dieu qui l'attache au seuil de cette demeure sainte. Aussi ne vous étonnez plus, si ces monastères sont l'asile de toutes les vertus, de tous les dévouements; s'ils sont bénis de ceux qui les maudissaient naguère; le temps de la justice et de la reconnaissance se lève enfin, pour ces généreux ouvriers des champs, pour cette milice sainte qui travaille sans pitié ni merci à la gloire du ciel et au bien-être de leurs frères ici-bas.

FIN.

TABLE DES MATIÈRES.

Le Monastère de Meilleraie ou visite à Notre-Dame de la Trappe.

Abrégé de l'histoire des Bernardins ou guide des pèlerins chez les trappistes de France.

FIN DE LA TABLE DES MATIÈRES.

Nantes, Imp. de VINCENT FOREST, place du Commerce, 1.